社會科學
研究方法新論：
模型、實踐與故事

李英明　著

三民書局

國家圖書館出版品預行編目資料

社會科學研究方法新論：模型、實踐與故事 / 李英明
著.－－初版一刷.－－臺北市：三民，2007
面；　公分

ISBN 978-957-14-4897-8　（平裝）

1.社會科學 2.研究方法

501.2　　　　　　　　　　　　　　　96019005

© 社會科學研究方法新論：模型、實踐與故事

著 作 人	李英明
發 行 人	劉振強
著作財產權人	三民書局股份有限公司
發 行 所	三民書局股份有限公司
	地址　臺北市復興北路386號
	電話　(02)25006600
	郵撥帳號　0009998-5
門 市 部	（復北店）臺北市復興北路386號
	（重南店）臺北市重慶南路一段61號
出版日期	初版一刷　2007年10月
編　　號	S 571310
定　　價	新臺幣160元

行政院新聞局登記證局版臺業字第○二○○號

有著作權·不准侵害

ISBN　978-957-14-4897-8　（平裝）

http://www.sanmin.com.tw　三民網路書店

※本書如有缺頁、破損或裝訂錯誤，請寄回本公司更換。

序

　　社會科學的研究方法，長期以來就強調某些研究流程或步驟，同時也認為必須依循這些研究流程或步驟所獲得的知識，才具有客觀性與科學性。然而，在我們強調客觀性與科學性的背後，我們或許可以進一步追問：在人文社會科學領域中，我們到底在研究什麼？我們如何可能進行研究？我們通過研究所獲得的到底是什麼？順著這個思維邏輯往下延伸的是，在我們宣稱自己是使用科學的研究方法來觀察、分析我們的研究對象時，有哪些問題是值得我們去思考的？

　　我們必須想到，能夠進行科學研究的主體是人，人不可能憑空、抽象、不依賴任何東西就可以進行研究思考；同樣的，當人在進行研究時，與研究對象的接觸和發生、建立關係，同樣不可能是憑空、抽象的；而當最後研究成果被論述或發表時，相同的問題一樣存在。

　　當我們在進行研究時，即使宣稱如何的客觀中立，都無可避免的會受到研究者自己在時空環境下所形成的症候的影響；而在研究的過程、以及研究成果發表或論述時，都必須通過各式各樣語言符號，來讓研究者能夠具體的描述自己的研究內容，這是作為一個研究主體的人無可迴避的問題。也因此，我們所謂的客觀真實，是在我們通過語言符號建構下的結果，在我們宣稱客觀真

實的同時，其實是在我們自己的症候引導之下，用語言符號將我們認為客觀真實的「故事」說出來。是的，我們認為客觀真實的科學研究成果，事實上只是一個又一個的故事而已。

　　本書就是在這樣的思維下，反思在當前的社會科學研究的背後那些被我們忽略的議題，這些議題包含對許多隱含在研究背後的本體論和方法論上的探討。另外，我們也針對幾個不同領域的研究議題做出反思，特別是經濟學研究一向被認為是最「科學」的社會科學，本書也針對這一部分做出方法論上的探討。相同的觀點我們也應用在對企業管理、意識型態和國際關係研究方法的討論上。

　　本書的出版，要感謝賴皆興同學的校對整理，以及鄭文翔、王振諭同學的排版打字，另外，也感謝三民書局的出版。本書所提供的觀點並不是企圖建立一套新的研究真理或典範，而是希望通過作者的反思提供一套新的研究視野或範疇，讓我們可以跳出那些我們已經習以為常或被我們認為是「自然而然」的思維方式或研究角度，重新思考、審視我們的研究議題或對象；亦即能夠跳脫我們的「症候」，看到那些我們過去在研究中「看不到」的部分，從而建立一個更寬廣的、開放的，也更富有多元研究精神的研究方法與研究場域。

李英明

2007 年 10 月 5 日於木柵

社會科學研究方法新論：
模型、實踐與故事

第一章 對社會科學研究本體的提問與反思

一、對「研究」本身的提問

在人文社會科學領域中，我們到底在研究什麼？

對於這個問題，最素樸的回答是，我們在研究事件、現象或某種觀念思想。在這樣的回答中，我們的重點在於凸顯「什麼」，而在這樣的凸顯中，我們可能自覺或不自覺的預設某種對象或實體的存在，並且被我們所研究；亦即，我們可能以主／客二分的框架為基礎，認為我們作為研究者是主體，而研究對象是客體，研究就是主體對於客體的解釋、掌握或分析。

換言之，以主／客二分的框架為依託，我們很容易把研究對象視為獨立於我們之外的東西，然後等著我們去解釋、掌握或分析它。而這樣的解釋、掌握或分析就被視為是研究者「專業」的表現。

當我們針對某個對象進行所謂的研究時，一方面這個對象就進入與我們的「關係」中，而另一方面我們也進入對象所牽扯的情境之中；亦即通過所謂的研究，我們和研究對象進行了連結，這種連結除了建立一種關係外，也形塑了某種情境。而這種關係和情境，並不是固著的，而是會變化或不斷變化的。我們和研究對象就鑲嵌在這種變動的關係中進行互動，而這樣的互動會反過來促使「關係」或情境不斷變化。

　　此外，研究對象是通過歷史延流過來的，而我們也是通過歷史或鑲嵌在歷史中去和研究對象「相遇」的。這也就是說，我們和研究對象是在歷史中相遇，而這種相遇又成為歷史的一環。如果從這樣的視角去看的話，我們在此必須強調：乍看之下，是我們的研究讓我們和研究對象連結，但其實是歷史讓我們和研究對象連結。抽離歷史或歷史脈絡，研究是空洞的，甚至是無法或不可能進行的。

　　既然，我們和研究對象都是鑲嵌或包含在歷史中，那麼，彼此的關係就不是互為外在的關係，而是一種被包含在歷史中的內在的關係。這也就是說，我們其實不能從上述主／客二分的框架去看我們和研究對象的關係，因為這種分析框架基本上沒有注意到我們和研究對象之間的歷史連結關係，以至於把我們和研究對象之間看成是互為外在的關係。

　　如果從主／客二分的框架去看研究對象，很容易把研究對象看成是實體，或是物質的實體；由此延伸而來的是，會側重研究對象的物理層面，並且把研究對象看成是固化靜態的東西。研究對象鑲嵌在歷史流變之中，它是動態性的存在物，而我們作為所謂研究者，基本上也是鑲嵌在歷史流變之中，因此也是動態性的存在物。

　　此外，研究對象不管是事件、現象或某種觀念思想，基本上都涉及到行動者及其動機選擇和行動；因此，研究對象不只包括行動者外顯的行動，也包含了行動者的動機選擇或判斷；而這就使研究者不只具有上述的歷史層面，也具有心理層面。當然，在

此我們強調研究對象的歷史層面和心理層面，並不意謂我們要刻意忽略或取消研究對象的物理層面；我們可以這麼說：研究對象同時包含了物理、歷史和心理三個層面。❶從分析的角度來看，可以分成這三個層面；但在現實的世界中，基本上這三個層面是相互滲透的，並且是相互支持的。

　　不過，揭示研究對象是上述三個層面的綜合體之後，我們還必須進一步向語言學轉折，並且要指出，研究對象是通過語言符號呈現出來的。不管是研究對象的物理層面、歷史層面或心理層面，基本上都是要通過語言符號來展現，然後才能為我們所認知和掌握。若從分析的角度來看，我們可以這麼說，研究對象除了包含物理、歷史和心理層面外，還包含了語言符號的層面。不過，這麼說，很容易引來誤解，認為語言符號層面是物理、歷史和心理層面之外的另一個層面；因此，在此必須強調的是，研究對象的物理、歷史和心理層面是被覆蓋在語言符號之下才會有其意義和內涵的。

　　通過以上的說明，我們或許可以更逕直的說，研究對象其實也是一套語言符號；而作為一套語言符號的研究對象，基本上就是通過語言符號形塑建構下的產物；作為這種產物，研究對象其實也就是一種文本 (text)。❷說研究對象是一種文本，並不是說它是抽象的，而是強調它是通過語言符號所承載的一種意義體。語言符號是研究對象存在的家，研究對象通過語言符號向我們展示，並要求我們對其進行解釋、掌握與分析。

　　作為語言符號建構並且覆蓋下的東西，就讓我們更不能說其

是給定的 (given) 或客觀的；這是因為語言符號從來不是純粹的，
而總是沾染著權力，或鑲嵌在權力之中；而且，通過語言符號去
進行建構，這本身就是一種權力拚搏，或置身於權力拚搏之中。
或許，我們雖然不太想逕直地說研究對象是在權力中流轉，但我
們卻必須說研究對象是在我們的生活拚搏或實踐過程中呈現給我
們的。

在此，我們緊接著就必須處理底下這個問題：研究對象為何
會被我們所「研究」？

二、對「研究對象何以可能」的提問

上述這個問題，我們可以將其轉成以下這樣的問題：研究對
象為何會被我們注意從而被納入我們所謂的「研究」之下？

首先，我們可以先非常直接地以理性算計的角度，賦予研究
對象之所以被納入研究的合理動機和意圖。亦即，可以通過合理
性解釋的方式，將研究對象和我們的理性動機和意圖接連起來。
這種回答方式當然有其吸引力，不過，人的意圖和動機經常是曖
昧不明的，因此，要在研究對象和我們的意圖和動機之間建立合
理性的關係，其實並不容易，而且多是非常造作和牽強的。

其次，我們或許可以說，那是因為研究對象對我們而言是有
意義從而具有重要性，所以才會被納入我們的研究。亦即，是先
通過我們的賦意，而後研究對象才會被納入我們的研究。我們的
賦意可能包括對比、分類、歸納等方式，或者可能通過文獻回顧
的過程，將研究對象安置在相關研究領域的發展時間序列中，或

也有可能通過將研究對象直接安置在事件發展鏈條的來龍去脈中，去為研究對象找出意義。❸

　　此外，我們或許也可以說，那是我們的觀點、角度或可稱為視域，讓我們特別看到這個或那個的事件、問題或現象；亦即，我們是通過我們的視域去看到或注意到研究對象的；或者說，研究對象是通過我們的視域從而被我們所看到和注意到。

　　再而，我們也可以說，是我們的生活實踐和經驗，讓我們會去面對這個或那個的問題、現象或事件。亦即，我們注意到研究對象並且研究它，是我們生活實踐的表現。其實，不管我們是通過理性算計、賦意或視域去注意到某個研究對象並且加以研究，這都可算是我們生活實踐的表現；抽離生活實踐或者說抽離我們的生存籌劃，我們是無法談到底我們可以注意到什麼或研究什麼；注意什麼或研究什麼，基本上是我們的生活實踐或生存籌劃，或可以說是我們的生活點滴。

　　我們會去注意到什麼或研究什麼，既然是通過或鑲嵌在我們的生活實踐或生存籌劃中而成為可能；那麼我們可以進一步說，注意和研究什麼基本上可以折射出我們的生活樣態，或者可以說讓我們可以反身看到那個當下的我們的生存樣態，或我們到底是誰。從這個角度來看，我們可以說，不是我們去注意或研究了什麼，而是我們的存在或生活讓我們注意或研究了什麼。我們注意或研究了什麼，基本上是找到了我們的參照或對照物，好讓我們通過它們看到自身；因此，若從這個角度來看，與其說是我們注意什麼或研究什麼，倒不如說是我們注意並且看到了我們自己。

亦即，研究對象並不是他者 (other)，而是鑲嵌在我們生活或生存之中，並且作為我們反觀自身的憑藉；我們一方面通過注意並研究什麼來體現我們的自我認同，以及我們的症候或視域；而另一方面，則依循著我們的症候、自我認同去觀照世界，並且看或注意到「什麼」。

不過，研究對象也可作為他者而存在，對我們開放並且吸引我們；導引我們向新的視域轉折或邁進；亦即，它有可能震撼了我們的既有視域，甚至改變或擴大了我們的既有視域。

三、對「研究如何可能」的提問與反思

接下來我們必須面對的問題是：我們是如何「注意」以及如何研究的？

首先，當我們「注意」到什麼，我們就必須對它進行描述或初步的界定；亦即，我們必須將「什麼」變成對自己而言有一定內涵或含義，能夠呈現這個「什麼」的語言符號表述。❹換句話說，當我們「注意」到什麼的同時，我們也正在試圖用語言符號去建構或架構自己眼中的「什麼」。不過，我們絕不是憑空去用語言符號的，我們是鑲嵌在這種種語境之中，典範或海德格 (Martin Heidegger) 所謂前理解的制約或使動下所形成的種種症候或可稱為過濾器之中，去使用語言符號的。

當我們描述、建構或架構我們眼中的「什麼」之後，有人可能會認為，我們必須進一步將「什麼」拆解成多個小部分，並且聚焦在這些小部分或其中的一些小部分，從而還對它們進行描述

和建構；這樣做，基本上是在降低「什麼」的複雜性或變量，從而讓我們認為，我們已經可以掌握「什麼」；這樣做，基本上體現了可以稱為「簡化主義」(reductionism) 的典範或症候。❺這種典範或症候，在導引我們對「什麼」進行簡化的同時，其實也對「什麼」進行抽象；或許，我們這麼做，一方面可能可以體現了人生命力的有限性，但另一方面，則可能違背了現實。「什麼」或研究對象作為整體，它的內部容或有這些或那些的組成部分，但這些部分之間有著不容切割或拆解的關聯性。而且，被我們所注意到的「什麼」或研究對象，它一方面作為整體，但另一方面又置身於或鑲嵌於這個或那個的更大整體之中；它和更大整體中的其他部分也有著不容切割或拆解的關聯性。此外，「什麼」之所以成為「什麼」或研究對象之所以成為研究對象，其內涵或意義須預設成實際依托更大的整體作為基礎，才得以體現或被襯托出來。

接下來，我們可能的最直接的邏輯思考就是，在注意到「什麼」之後，為了進一步能夠進入狀況，那麼就必須盡可能的去收集資料。我們或許會認為，只要這麼做，就可以進一步弄清楚「什麼」是「什麼」。

亦即，我們可能會認為，可以通過資料的收集來呈現客觀的現實，好讓我們能夠進入狀況。不過，我們必須通過某種典範或我們的症候或某種某些標準或程序，去收集資料。資料對於我們是否有用，是由上述所說的典範、症候或標準所決定的。因此，不是我們去依賴資料讓我們進入狀況，而是我們通過典範、症候或標準讓資料為我們所用，從而使我們進入狀況。

　　資料從來都不是原始或直接的，它們都被泡在種種的典範、症候或標準程序之中。因此，資料是人為建構下的產物，它們並不直接等於所謂「客觀的現實」，但它們卻呈現或建構了現實。

　　其實，甚至就算我們依循上述的簡化主義的途徑去將研究對象加以拆解時，我們也需要通過我們的某種症候或某種某些標準；所以，我們可以說，這樣的拆解是泡在這樣或那樣的症候或標準之中進行的。在此，要特別強調的是，簡化主義本身是某種典範，接受它並依循它去掌握研究對象，它就成為我們的症候。

　　被我們「注意」並加以研究的「什麼」或對象，本身是通過語言文字符號呈現在我們面前的，而我們也通過我們的症候，以及依循這樣的症候所形成的被自己認為正確適當的資料，建構或架構我們所注意到的「什麼」或對象。

四、對文本、資料與典範操作的反思

　　在此，我們必須重申前面所提及的，被我們所注意的「什麼」或對象，本身就是通過語言文字符號所呈現的文本；而資料也是通過語言文字符號所呈現的文本。作為這樣的文本，它們需要被我們解讀或被我們賦意，然後它們對我們而言才會有意義。而所謂被我們解讀或賦意，基本上就是被我們理解從而也可稱作被我們所消化，其結果也是必須通過語言文字符號呈現出來；而我們也反過來通過這些語言文字符號去建構從而也看到了現實。

　　在此也必須強調，我們並無意說，研究對象直接就只是語言文字符號或文本；在前面，我們已經表達了這樣的觀點，所以不

再贅言。此外，我們也並不是典範、症候至上主義的觀點；研究對象或資料是泡在種種的典範、症候或標準程序之中；但同時，研究對象或資料的意蘊也通過這種浸泡被展現出來。被泡出味道來；通過這樣的過程，我們的典範、症候的內涵有可能會靜悄悄地產生某種轉變或擴大。亦即，種種的典範或症候，當然對我們產生導引的作用，讓我們有了收集資料、注意到「什麼」的憑藉，不過，反過來，在收集資料或注意「什麼」的過程中，典範或症候也可能靜悄悄地或甚至很明顯地被重新賦意與解讀。

我們可能不容易輕易地擺脫某種典範或症候的制約；但是，在同一標誌的典範或症候的制約下，我們在面對不同問題時，可能會將典範和症候轉成不同的型號；這就有點像，同一款式的衣服，可以有不同尺寸大小的型號。

此外，對資料的收集，並不是要讓我們面向過去或停留在過去。資料在時間中流動，特別是往未來流動；我們也是在時間之中流動，並且是往未來流動，因此，我們在資料收集的過程中，和資料一起往未來流動；「和資料一起」意謂著我們和資料之間不斷的視域融合、碰撞或交叉；而所謂往未來流動，意謂著對資料的收集是我們生存籌劃的一種表現，它可能和某種研究目的或其他目的接連起來。

資料因為我們的收集、解讀或賦意，不斷地重新鮮活起來，而我們同樣也可能因此不斷鮮活起來；資料和我們互相通過對方鮮活起來，這不只意味著資料進入我們的生活籌劃中或生活中來，也意味著我們進入資料所輻射出來的意蘊 (sense) 氛圍之中。

9

再而，我們一方面必須通過我們自覺或不自覺所依循的典範或症候去看世界和收集資料；可是，在另一方面，當我們近乎「慣性」的這麼做時，可能又會引發某種擔心或疑慮：我們移植或照搬既有的典範或症候去套在我們所注意的「什麼」或我們所收集的資料之上，這很容易讓我們無法看見或忽略或不重視問題或研究對象的獨特性或差異性，甚至將問題或研究對象同質化。

當我們自覺或不自覺依循典範或症候去觀看世界時，被我們觀看或注意的對象也向我們展現其意蘊，從而形成了某種形式的對話，並且呈現了雙方的融合、碰撞，因此也成為我們生活的內涵，甚至導引我們繼續進行生存籌劃，轉而又促成我們可以依循經過融合、碰撞過的典範或症候去觀看、注意、研究或對象，並且繼續將資料納入我們的視界或生活中來。

或許我們可以提出依循典範或症候去觀看世界、收集資料或所謂研究對象時，我們做了一種依典範或症候進行演繹的工作；而這種演繹的工作也是一種建構的工作，將典範或症候套在對象上，或讓對象削足適履地遷就我們依循的典範或症候。這樣的看法，雖然揭示了依典範或症候演繹是一種對對象的建構，但忽略掉對象對我們的「回應或滲透」這個方面。如果我們能正視對象對我們的「回應或滲透」這個方面，那麼我們可能就不會認為，我們可以依典範或症候去進行演繹從而對對象進行一面倒的或完全的建構。

或許，我們會認為，是典範或我們的症候促使我們對對象進行上述演繹式的建構；但是，再深究下去的話，我們其實應該說，

是我們的生存籌劃或生活實踐，讓我們自覺或不自覺地依循典範或症候去進行演繹的工作；依典範或症候演繹是我們的生存籌劃的一種方式，儘管它可能會忽略對象的獨特性、差異性或歷史性，當然就可能造成化約；不過，這種化約是一種建構式的化約，它會不斷建構現實，並且也不斷體現某種人性——通過既有經驗去對對象進行演繹式的掌握。

對世界或對象的掌握，我們可有解釋和理解兩種典範，而依循解釋這個典範，我們的解釋模式主要是依規律或通則演繹的模式；而在依循理解這個典範方向，我們所要強調的是對世界或對象的詮釋，❻合理性 (rational) 模式和文本分析模式是敘述 (narrative) 解釋的模式。

對世界或對象進行解釋，是為其找出之所以發生或之所以會如此的這樣或那樣的原因；而對世界或對象進行詮釋是為其找出之所以會如此的理由或意義。找原因主要是將對象納入某一規律及特定條件的覆蓋下，從而建立特定條件與現象間的因果關係。❼找意義主要是將對象納入更大的範圍或系統序列之中，甚至將其當成是文本，以彰顯其在整體、序列或文本之中所呈現出的意義。

不過，面對對象不只是如上述為對象找原因，還可以包括為對象找之所以發生的理由，或從更大的範圍或系統或脈絡為對象找之所以會如此的一些關聯性。原因和理由不同，前者是被安置在直線式的一前一後的關係中，因果被看成是兩個隔離獨立的範疇，因作為一種外在於果的範疇，促使果發生，因此因果之間是一種外在式的關係。而理由則是和對象被安置在一個系統、範圍

或脈絡中，它們之間呈現一種內在的聯繫或關係。

研究對象的主體是其中的行動者，是行動者的動機、意圖和選擇，以及由此延伸而來的行動，支撐對象使其成為對象，或使對象繼續發生變化；此外，行動者的動機、意圖和選擇，也可能是社會、文化因素使動下的結果；社會文化因素可能內化為行為者的症候，並且成為行為者的動機和意圖。著重研究對象中的行動者，並且揭櫫行動者的動機、意圖和行動，這就是上述所提到的合理性解釋模式。

如果要追問支撐這種合理性解釋模式的基礎為何，我們可能就必須觸及移情 (empathy) 的問題，而移情其實也就是一種洞察入微或設身處地的分析力和想像力。❽或換另一種比較通俗的話來講，也就是一種「人同此心，心同此理」的心理表現。

行動者的選擇和行動，和行動者的動機與意圖之間，基本上通過行動者形成一種內在的關聯性；至於觸及到行動者的動機意圖與社會文化因素的關係，基本上也是通過強調行動者鑲嵌在社會文化氛圍或因素之中，從而受其制約或使動，來說明行動者的動機意圖和行動之所以可能或發生；這其中行動者因為鑲嵌於從而也是內在於社會文化因素之中；因此，社會文化因素不是以一種外在獨立於行動者的樣態來制約或使動行動者，而是以內含行動者的方式來制約或使動行動者。

不過，不管是依規律或通則演繹的模式或合理性解釋模式，基本上都是一種微觀分析。前者沒有把研究對象置於更大的系統、範圍或脈絡中；而後者基本上是一種以人物為中心的模式；兩者

在方法論上都是方法論的個體主義(methodological individualism)。❾此外,兩者基本上都忽略歷史維度或時間因素,或甚至將其加以取消。前者依規律或通則去將前提條件和研究對象因果式的連結起來,忽略取消了因果間複雜的歷史曲折、轉折或發展的過程;而後者通過同理心或移情去重演或再現研究對象中行動者的動機和意圖,基本上也預設研究者可以跨越時間的距離或歷史維度,和研究對象中的行動者的心靈或心意相契合。

五、對「敘述如何可能」在研究中的意義與反思

時間的距離或歷史維度是我們解釋或理解對象的基礎,它不是我們要克服的東西。就如前述,研究對象和我們都是在時間的流轉中或歷史的流轉中相遇,這種相遇成為歷史的一部分,會產生歷史的效果。

我們和研究對象既然在時間或歷史的流轉中相遇,我們就進入或者被拋入某段歷史的來龍去脈之中。面對研究對象,我們必須依托著歷史或某種來龍去脈,將研究對象安置於其中;而當我們在這麼做的時候,我們也就進入歷史中或某種來龍去脈中,從而和研究對象形成某種歷史關係。

將研究對象安置於歷史脈絡中,找出它的定位,對它做出說明,這是一種敘述。在這種敘述中,研究對象與其他事件或現象的關係是一種起承轉合的關係,這種關係不是依循某種規律或通則的一前一後的因果關係,而是在歷史脈絡鏈條中的一種接連關係。❿

在歷史和時間之流中流轉的對象或事件，基本上都是一種一次性出現的東西，它不具有重複性；而它之所以能被理解，必須被安置在一個整體的意義單元之中。❶這種整體的意義單元的構成，一方面主要的就是將其安置在一個更大的系統、範圍之中，通過其與更大系統或範圍的關係來彰顯意義；而另一方面則是將其安置在時間的流程之中，讓它納入或隸屬於更長更大的時間序列之中，來呈現或彰顯其意義。❷

當我們在做這樣的敘述工作時，我們不只是在做一種類似說故事的工作，我們其實也在通過這種工作在昂揚我們的歷史意識；我們在敘述時，我們實際上也讓自己進入了這些敘述之中，特別進入了種種情節之中，我們經歷了一種意識發展或翻騰的過程，我們實現了某種生活實踐；從這種生活實踐中，我們自覺或不自覺的看到歷史是如何發展的，現實世界是什麼；並且從而導引我們去思考我們到底是誰，以及我們將如何繼續生活生存下去；亦即，這種實踐將導引我們進一步的生存籌劃。

我們將對象安置在時間序列之中，使其呈現或彰顯意義，這樣的敘述建構，對我們而言也是有意義的東西。❸

論述至此，我們要特別強調，對對象進行敘述建構，並不排除前述的合理性模式或甚至依規律或通則演繹的模式。亦即，我們通過將對象安置在時間序列之中的同時，我們還是可以對對象中的行動者的意圖、動機和選擇進行合理性的分析；甚至，還可以允許對時間序列中的事件與事件，或現象與現象之間，進行某種含因果性的說明。❹在此，我們說的是，對對象進行含因果性

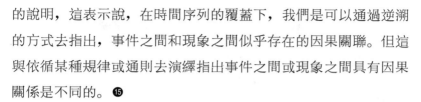

的說明，這表示說，在時間序列的覆蓋下，我們是可以通過逆溯的方式去指出，事件之間和現象之間似乎存在的因果關聯。但這與依循某種規律或通則去演繹指出事件之間或現象之間具有因果關係是不同的。❺

研究對象中可能有行動者，有種種事件；我們可以通過移情去呈現行動者的動機、意圖和選擇；或者，我們可以為事件找原因或找理由，或將其安置在時間序列中；凡此種種，我們都必須通過語言文字符號來進行。研究對象本身也是通過語言文字符號呈現在我們面前並且和我們相遇；而我們也是通過語言文字符號去解釋或理解它們。從這個向度再發展下去，研究對象就是通過語言文字符號呈現出來的文本。我們和研究對象一起住在語言文字符號這個家中。

六、對研究者與被研究者主／客關係的分析

為研究對象找原因，是將研究對象當作一個所謂客觀的實體，一個被我們認識並且要加以解釋的對象。此時，我們和研究對象的關係是一種認識論的關係，我們作為主體去認識並且解釋作為客體的對象。這基本上是一種主／客二元劃分的認識論關係，我們為作為客體的對象找到導致它們發生的「客觀」的原因。

而當我們在為研究對象找內在的思想，立即從其中的行動者的意圖、動機、選擇和想法來說明研究對象之所以如此或那樣時，我們已經通過移情進入研究對象中；與此同時，研究對象也通過我們對它的移情而進入我們的生活實踐與生存籌劃之中。亦即，

此時研究對象不再只是被研究的對象，它已經轉變成或進入我們
的生活實踐或生存籌劃之中。

至於當我們將研究對象安置在時間序列並對其進行敘述建構
時，就如前述，我們也在昂揚我們的歷史意識，或是進行對自我
的理解，亦即，正在進行一種生活實踐或生存籌劃。因此，此時
研究對象也不再只是被認識的對象，而進入我們的生活實踐與生
存籌劃之中。

所謂進入我們的生活實踐或籌劃之中，表示我們和研究對象
不再停留在認識與被認識的二元區分認識論的關係中，而是一種
將研究對象納入我們生命生活之中的生存實踐關係。而至於將研
究對象當成文本，並且通過語言文字符號和文本相遇，這就如上
述，是我們和研究對象住在語言文字符號這個家中；此時，研究
對象也不再只是被認識的對象，而進入我們的生活實踐或生存籌
劃之中。

通過或依循規律或通則去演繹因果關係，很容易讓解釋變成
是一種非時間的或超時間的乾巴巴的形式化的過程。❶其實，我
們對對象的研究，乃是「人的、在時間中的、活生生的生命和生
活的一部分」❷亦即，我們為研究對象找理由或找意義，其實都
是我們生命生活實踐或生存籌劃的表現。我們不能將自己自外於
研究對象，把研究對象純粹當成是被認識的客體，研究對象是我
們生命或生活的一部分，它是無法和我們分割開的，我們和它之
間不會而且也不應該是一種二元劃分的關係。我們在為研究對象
找理由或找意義時，我們不只是在理解研究對象，我們也在理解

它們的生命和生活，或者在呈現我們的生存籌劃。

　　當然，就如前述，我們也可以說，遵照解釋典範或依循規律或通則去為研究對象找原因或因果關係，這也是我們的某種生存籌劃的表現，我們選擇了用這種方式去面對研究對象。的確，我們可以做這種選擇，進行這樣的生存籌劃；不過，當我們這麼做時，我們將自己和研究對象隔開，或說得詳細點，二元區隔開；這等於將研究對象和我們的生命和生活分離，這是抽離我們生命和生活內涵的作法，到頭來等於在否定我們的存在，或封閉我們的存在。在此，必須再強調一次，當我們在研究某對象時，我們和研究對象被拋入我們的存在中，被包容在我們的存在之中。

　　語言文字符號是我們存在的家，當我們在研究某對象時，我們和研究對象就一起住在這樣的家中，一方面參與作為文本的研究對象的意義創造過程，而另一方面我們則通過這種意義創造的過程，來找到、豐富甚至改變自身。❶當我們在研究對象時，基本上就呈現出以我們的生存為載體的一種物我合一或主客合一的樣態，我們在所謂研究的過程中，跨越了物我或主客界限，不只和研究對象接連起來，而且和研究對象一起和其他的文本或話語連接起來，不斷進入具有動態整體性的我們的生存之中。

　　我們在前面曾不斷提及，我們會自覺或不自覺地依循典範或症候或過濾器去觀看或研究世界或對象；在這個過程中，很容易陷入依典範、症候演繹的過程中。而在這樣的過程中，除了前述會忽略或取消研究對象的獨特性和差異性外，還會讓我們忽略或取消我們和研究對象的時間的距離；還有，在這樣的過程中，很

容易讓我們陷入讓典範、症候牽制支配一切的化約的困境中；之所以稱其為困境，是因為我們身陷其中，我們很容易會慣性的失去反思能力，成為一個因循守舊的保守主義者。

更重要的是，在這樣的過程中，我們很化約的將研究對象當作等著被我們所依循的典範或症候套用或移植的客體。這其實還是以主／客二元區分為基礎的，只不過，到最後讓對象納入作為主體的我們所依循的典範和症候的演繹過程中。我們在前面的說明已經提出，我們當然不容易或甚至不可能擺脫典範或症候的制約，不過，在我們面對研究對象時，並不只有發生典範或我們的症候一面倒的套用在對象上的事情，其實還發生研究對象對我們進行滲透，甚至產生視域融合的事情；亦即，在這個過程，對象和我們相互的滲透，已經很難被二元區分了。

在此章還必須再提到的是，研究對象和我們都是在時間或歷史的流轉中，雙方彼此都不是一成不變的，而是處在持續變動的過程中；儘管如此，雙方彼此又必須通過語言文字符號作為依托或中介來互動或相互滲透，而這種互動或相互滲透的結果又不斷地通過語言文字符號來表現，從而作為一個個的文本呈現在人們面前。我們要繼續和這個或那個的研究對象互動，又可能必須依托這些文本和其他的語言文字符號來進行，去面對研究對象和我們都不斷變化的過程，並且又繼續形成種種的文本。

世界和我們都一直處在持續變動之中；不過，這些變動必須通過語言文字符號讓我們感知，或呈現在我們面前，亦即我們可以搭乘語言文字符號這個載體去承接或承受上述的變動；我們被

包裹在語言文字符號這個家中，從而在變動不拘的大千世界中翻滾碰撞；而在這樣的翻滾碰撞中，我們還是被包裹在語言文字符號之中，就像孫悟空翻不出如來佛的手掌心一般。

註　釋

❶　周建漳，《歷史及其理解和解釋》，北京：社會科學文獻出版社，頁 138–139, 142–143。

❷　同上註，頁 167–168。

❸　杰拉爾德‧納德勒 (Gerald Nadler)、威廉‧J‧錢登 (William J. Chamdon) 著，魏青江譯，《提問的藝術：正確解決問題，從提問開始》，北京：高等教育出版社，2005 年 9 月，頁 23。

❹　同上註，頁 2–3。

❺　同上註，頁 2。

❻　同❶，頁 133–172。

❼　同上註，頁 167。

❽　同上註，頁 143。

❾　同上註，頁 142–143。

❿　同上註，頁 166–167。

⓫　同上註，頁 240。

⓬　同上註。

⓭　同上註，頁 239。

⓮　同上註，頁 167。

⓯　同上註。

⑯ 王慶節，《解釋學、海德格爾與儒道今釋》，北京：中國人民大學
出版社，2004 年 9 月，頁 20。

⑰ 同上註。

⑱ 同上註，頁 21。

第二章　對研究者與研究對象互為主客的思考

一、對「認識」如何可能的思考

我們經常說：眼見為信。或者，我們也常聽人說：百聞不如一見。

這種被視為「常理」般的話，基本上是建立在以下的設定上的：我們的感官經驗是直接的，甚至是確實的或真實的或實實在在的。

我們一直相信或被規訓地去相信：我們的感官經驗是直接的和確實的。這幾乎如上述已經成為「常理」，甚至已經成為很多人的信念。

這樣的「常理」或信念之所以會深入人心，其中主要的關鍵在於它凸顯人可以憑自己去接觸外在世界，而毋須依賴人之外的任何的神秘的力量；亦即，它凸顯人是可以自己作主的去接觸外在世界；這是相當浪漫的一種訴求。這種訴求是經驗主義的訴求。這種經驗主義通過一個發展或運作的過程深入人心，成為人的信念，或被人廣為接受的「常理」。

我們會說，我們可以「看到」一張桌子、一張椅子、一輛汽車、一棵樹或一座橋，這是非常直接而且確實的；沒錯，我們如果依照上述的常理來認定，我們是可以「看到」這個或那個事物；

但是，我們如果換一個角度來看的話（也許有點掃興），不是我們
「看到」某物，而是某物被我們看作是一張椅子，或一張桌子或
一輛車子或一棵樹或一座橋。❶亦即我們所有的「看」(seeing) 其
實都是「看作」。❷在這個「看作」的過程中，我們賦予某物一種
符號或內涵。我們初步可以這麼說，在這個「看作」的過程中，
我們不是沒有依賴任何東西，我們通過語言文字符號，我們依賴
了語言文字符號。而且，再進一步說，我們為何懂得將某物看作
是一張椅子，或一張桌子或一輛車子等，這涉及到教育的、文化
的或社會化的過程。因此，在這個「看作」的過程中，絕不只是
純粹的感官知覺的表現，而更是一個運用符號賦予事物內涵或意
義的過程。亦即，這個「看作」的過程，其實是一個將某物作為
某物來理解的過程。❸我們絕不會否認沒有這個或那個東西的存
在，但是，我們必須通過語言文字符號來賦予它們名稱、意義和
內涵，然後它們才算被我們看到或經驗到。

認為我們可以立即直接的看到和經驗到這個或那個事物，這
是一種素樸的經驗主義；這種經驗主義認為，我們的感官知覺可
以不沾染任何其他的東西或介面或中介，甚至可以跳離歷史來進
行；這是何等的抽象，但如上述又有點浪漫，說它是浪漫的，是
因為這樣做幾乎已經把人抽象化的同時，也將人聖化或純化了；
人進行純粹不沾染的看、經驗，從而人也可因此獲得純粹不沾染
的，或套句我們經常聽到的，價值中立的知識。

人在看或經驗的時候，他就在進行理解，通過語言文字符號
或歷史文化的制約去進行賦意或為事物找理由；沒有進行理解就

沒有看和經驗，亦即，我們就看不到什麼或經驗不到什麼；或者說，我們就有可能視而不見。我們經常說人有盲點，其實就是說，人看不到這點或看不到那點；亦即，人對於某些點、某些角度或某些向度「視而不見」。為什麼我們認為自己看得到而別人看不到呢？那是因為我們用來看事情或事物的角度、視野和別人不一樣；我們通過和別人不一樣的角度、視野將某事某物看作是這樣或那樣。

論述至此，我們還要再重申一次，我們絕不否認有這件或那件事情發生過，或有這個或那個事物的存在；但是，它們的發生或存在，都不是純粹的；所謂不是純粹的，指的是，它們必須通過語言文字符號，讓自己成為或大或小的文本，然後，它們才能被我們所看或被我們所經驗和觀察。亦即，事情或事物要成其為事情或事物，必須通過語言文字符號；而且通過語言文字符號表述的同時，才能被我們所看或感知或觀察。如果從這個角度來看，事情或事物本身就是一個符號、一個文本；不作為符號或文本，它們就什麼都不是。❹

事情或事物是作為符號或文本來呈現在我們面前，被我們所看或感知或觀察。我們和事情或事物的關係，是一種理解的關係，這種關係是通過語言文字符號來實現的。亦即，語言文字符號是事情或事物的家，或可以倒過來說，事情或事物鑲嵌在語言文字符號之中，抽離了語言文字符號，事情或事物就無立錐之處，或如上述，它們就什麼都不是。

在此，我們還要強調的是，我們人也是居住在語言文字符號

這個家，我們呈現在別人面前也是通過語言文字符號來實現的；別人和我們的關係，也是一種理解的關係，而這種關係是通過語言文字符號來實現的。從這樣的角度來看，除了作為通過語言文字符號來表現的文本外，我們人和任何事情或事物，就什麼都不是。

這樣的觀點，在許多人看來，或許是非常激進的。不過，我們在這裡所要表達的是，我們人和任何事情或事物，都是由語言文字符號所支撐的意義實體。此外，既然所有的看都是「看作」，這也表示，事情或事物不是由它們自身來表現，而是必須通過它們自身之外的所指 (signified) 來呈現；其實，我們人也是如此，我們無法通過自身來呈現我是誰，而是必須通過我們自身之外的所指來呈現。以上述的角度作為基礎，我們要說的是，我們人或事情或事物，都不是孤立抽象的存在，我們都必須通過和所指的關係來呈現，亦即人、事情或事物的存在是由關係建立或呈現的。❺ 而這些關係是通過語言文字符號來表述的；人、事情或事物的存在，總是已經被符號化了，它們在已經符號化了的關係中運轉和呈現。❻

二、對「意義賦予如何可能」的思考

我們人、事情或事物，除了不是抽象的存在外，更重要的是，還是動態的存在；亦即，人或事情或事物不是固著的或固定的，而是一直處在變動不居的過程中。我們通過語言文字符號和各種角度、視角或可以叫做症候，去將某物看作是某物時，我們將其

符號化，並對它賦意，並進行理解的同時，某物或某事其實仍然持續在變動中，因此，我們以為已經捕捉到什麼，或將什麼看作什麼，但其實，這些事物或事情已經又靜悄悄地溜走了；亦即，我們無法認為，我們對事情或事物的賦意是終極的或永恆的或固定的，套比較俗的話講，只能是暫時的；我們無法捕捉到永恆不變的東西，我們在某時或某種情境中可以將某事某物看作是這樣的，換了個時候或情境，我們也可以將某事某物看作是那樣，我們對事情或事物的賦意或理解，永遠都不是在起點，也不會是在終點，我們永遠是在中途；我們可以認為，我們在不斷接近終點，但其實永遠都到不了。❼或許，我們可以這麼說，除非我們是神或上帝，否則，我們絕到不了理解的終點。

　　人、事情或事物從來都不是光禿禿的，❽總是已經被語言文字符號或種種視角、角度或症候打扮過的，而且會不斷地被打扮；同時，這樣的打扮，從來就不會停，也永不可能終止。我們可以不喜歡這樣或那樣的打扮，但我們不能說，人、事情或事物可以不被打扮。而且人、事情或事物總是通過語言文字符號或種種視角、角度呈現在我們面前，我們才感知到他們的在場；假設抽離了語言文字符號及種種視角、角度，那麼，人、事情或事物就算在我們面前，我們也不知道怎麼面對他們，他們可說等於沒有在我們面前，或根本不算在場。

　　我們透過語言文字符號或種種視角、角度去賦予人、事、物意義，去打扮人、事、物；我們以為已經捕捉了人、事、物，或已經使人、事、物定格了；但是，人、事、物其實是固定不住，

隨時處在流變中的；我們對、事、物的賦意或打扮，基本上是跟不上人、事、物的流變的，這樣一來，這樣或那樣的賦意或打扮其實很快地或甚至有可能剎那間就與人、事、物脫離開來或脫勾。所以，我們不能宣稱自己的賦意或打扮的作者或化妝師是不會與人、事、物一直連在一起的，有可能須臾間就脫勾了；所以，人、事、物沒有固定作者或化妝師，或者可以說，根本沒有作者或化妝師。

我們無法通過語言文字符號，讓人、事、物定格在固定的意義或內涵上；所謂抽刀斷水水更流，我們的賦意或理解，是無法阻擋人、事、物的流變的，甚至是在人、事、物的流變中，成為其中的一環。嚴格來說，當我們說某人、某事、某物是什麼或是這樣或那樣時，因為他們仍然在不斷流變中，因此，他們可能在須臾或剎那間已經不是什麼或不是這樣或不是那樣。我們在對人、事、物的賦意時，也許我們可以暫時把人、事、物的流變擱置起來或放入括號中；但是，這些賦意本身也立即處在流變之中。我們要再強調的是，我們說，某人某事某物是什麼或是這樣或是那樣，這種宣稱只能是暫時的，或者嚴格來說，我們其實無法做上述這樣的宣稱。這樣的論述，也許會讓很多人不安，喪失確定感，甚至引起恐慌；但是，我們還是不得不說，某人某事某物是什麼也不是什麼，是這樣也不是這樣，是在場也不在場，某事某物包括人在內都是生生不息的，從來都沒有停止流變過。

說萬事萬物生生不息，從來都沒有停止流變過，這並不否認我們人還是可以繼續將某物看作是某物，去進行賦意。雖然，我

們一直很不願意這樣講，但是，論述至此，我們也不能不說，賦意其實是這樣或那樣的語言文字符號遊戲，在這樣的遊戲中，知識和權力交纏在一起，什麼是真，什麼是假，什麼是對，什麼是錯，並不是通過對所謂客觀的東西的追求來決定的，真理並不是由所謂準確的反映事實，或所謂與客觀的事實相符合來實現，而是在語言文字符號以及由此形成的對話中來實現的。在這個過程中，語言文字符號絕不是純粹的、價值中立的，或所謂中性的，而是沾染著價值、角度或甚至說是成見或偏見；語言文字符號是權力的，權力本身也是透過語言文字符號來實現。❾由這樣的過程所實現的真理，沾染著權力，但又可以被宣稱為共識的達成；它永遠是暫時的，因此是小寫的真理，而不可能是大寫的真理。

在此，我們要強調的是，對於確定意義的追求，永遠是辦不到的；德里達 (Jacques Derrida) 提出「差延」(differance) 這個概念，主要就是強調，對於確定意義的追求永遠都是會延遲的，總是會在以後，或以後的以後，或者說是明天，或明天的明天。❿儘管我們可以設定、假定或期待或要求，有確定的意義的存在；但是，這等於宣告萬事萬物不再生生不息，不再流變；嚴格地講，是宣告世界的終結。

以上這樣的論述，並不是要說，既然我們無法追求確定的意義，那麼就毋須再去對人、事、物進行研究，進行賦意，因為，到頭來還是徒勞無功，到不了盡頭。或許，上述的論述會令人非常挫折，但在另一方面，卻可以讓我們心胸更為寬闊，不會陷入絕對主義的泥淖中，甚至可以導引出對彼此差異的尊重；萬事萬

物包括人，無時無刻都處在流變中，任何人都不能硬要終止流變，削平差異，而是要認識流變，接受差異，從而以此為基礎，導引出相互的尊重和包容。

此外，我們永遠無法停止把某物看作是某物，「看」永遠不會停止作為「看作」，我們永遠無法停止賦意。而就如上述，在「看作」的過程中，我們是在進行賦意，進行理解。說得比較感性點，這也許是造物者給我們、讓我們能去面對流變世界的一種生命能力或生存能力；我們通過語言文字符號，不斷去賦意，不斷去理解，讓我們不斷能面對萬事萬物，亦即整個世界的流變。世界的流變不會停止，我們通過語言文字符號的賦意和理解，也同樣不會停止。而當我們在對世界賦意和理解時，我們把世界捲入語言文字符號之中，讓它變成五光十色，複雜萬端，成為人文化成的世界。換句話說，我們通過語言文字符號，讓世界變成大大小小，這樣或那樣的文本；同時，我們和這些文本同樣居住在由文本構成的一個無界限的文本圖書館中，在其中，萬事萬物是文本，我們人也是文本；萬事萬物和我們人，無法跳脫這個無界限的文本圖書館，❶這就有如孫悟空跳不出如來佛的手掌一般；萬事萬物和我們人，在文本構成的無盡的意義流中翻滾流變。

三、對「文本解讀如何可能」的思考：施萊馬赫的說法

人、事、物總是已經作為文本，然後才能被我們所理解；而反過來，我們人通過賦意，繼續不斷地使人、事、物總是能繼續作為文本。不過，當我們在賦意，在「看作」的過程中，我們讓

人、事、物指向他們之外，和其他指涉關連起來，我們幫他們和其他指涉、文本接連起來，串起了一個關係網；這也就是說，我們將他們放入一個關係網中，或拋入一個更大的或這樣或那樣的整體之中；在關係網或整體之中，人、事、物彼此當然是有差異的，並且處在流變之中，但是，他們又彼此照理對方；亦即，人、事、物在流變之中，不是呈現一種非此即彼的關係，而是呈現既是此又是彼的關係，❷他們都涉及到彼此，他們無法相互分離，不是二元劃分的關係。

　　在此，我們要強調的是，所謂整體或關係網既不是先驗的，也不是抽象的設定；我們不希望陷入整體決定論或關係網決定論之中；人、事、物作為個體或作為部分，對他們進行賦意，當然是通過將它們導入關係網或大大小小的整體中；而此時，個體或部分在被導入的同時也成就了關係網或整體。我們要說的是，個體或部分與整體之間，講通俗點，是相互決定的，它們都涉及到彼此。❸部分只能通過整體或關係網被理解，而反過來，整體也必須透過部分來被理解。❹部分和整體在相互決定的同時，也彼此照現對方；我們可以說，這種關係，是一種「一即一切；一切即一」的關係。而這種關係，是在我們賦意，並且在進行文本接連時呈現出來的。

　　不過，在我們賦意和接連的過程中，部分和整體之間的相互決定，可能須要來回進行好幾次，甚至可以無窮盡的進行下去，在這些循環反覆的過程中，並不是簡單的重覆；而是每一次的部分或整體的相互決定的循環，都是在不斷地擴展。

　　以部分和整體的關係來說明我們對人事物的賦意或理解，這是必要的，但卻可能還是讓人感到很抽象。在此，我們或許可以先透過施萊馬赫 (Schleiermacher) 的詮釋學觀點，來幫助我們瞭解到底我們可以如何理解人事物。就如前述，人事物總是已經作為透過語言文字符號呈現的文本而存在；因此，我們要理解人事物，就是對這樣或那樣的文本進行賦意或詮釋，施萊馬赫告訴我們，要對文本進行賦意或詮釋，不只必須關注文本所屬的生活的整個領域，而且還要關心文本作者的生活的整體。❶❺ 作為詮釋者，我們可以在文本、文本作者與文本所屬的生活領域或作者所屬的時代之間來回循環；其中文本、文本作者是作為部分，而所謂整個的生活領域或時代是作為整體。施萊馬赫在談文本與其所屬的生活領域的關係，是從語法學的角度去看的，其重點就在於將文本置於其所屬時代語言的整體之中；而當他在談文本作者與其所屬的時代的關係時，則從心理學的介面切入，強調詮釋者可以通過心理轉換，去設身處地，想像文本作者的意圖或心理精神狀態；或者換另一種方式說，詮釋者可以走出自己的心靈，進入到文本作者的心靈之中。❶❻ 通過語言文字符號進行表述，並以這種表述作為中介手段去再經歷或再現作者的經驗。❶❼

　　施萊馬赫認為，我們作為理解者、詮釋者，可以準確地去重建文本作者的意圖或經驗。❶❽ 這種看法基本上設定，我們可以透過將心比心，或同理心，去設身處地的再現文本作者的內心世界或經歷；照這樣的角度推衍下去，我們可能或可以比文本作者更清楚文本作者的意圖或心理精神世界。施萊馬赫這種看法很容易

引來以下這樣的批評：這種看法設定一個本真的文本作者的意圖或內心世界，等著詮釋理解者去經歷和再現。這種批評基本上將施萊馬赫的詮釋學視為一種客觀主義的詮釋學，將文本或文本的作者當作是客觀的被詮釋理解的對象。這樣的批評當然有其一定的道理；但是，當我們注意到，施萊馬赫已經指出，詮釋理解者可以在部分和整體之間來回穿梭，並且使部分和整體形成不斷相互決定的循環，從而不斷擴展文本的意義時；或者當施萊馬赫強調透過將心比心去重建文本作者的內心世界的過程，可以不斷地比文本作者更瞭解文本作者時；施萊馬赫其實已經指出，對文本的理解詮釋，可以是一個無止盡的過程；同一個文本，透過同一個理解者詮釋者，可以被再現許許多多的甚至無止盡的文本意義或文本作者的內心世界。重建或再經歷文本作者的意圖，其目標是準確地呈現，但所謂準確的呈現，可以是多樣的或甚至是一個無止盡的過程。

　　施萊馬赫帶有一定程度的客觀主義色彩的詮釋學，所遭遇到的另一種批評是：設定理解詮釋者可以跨越時間間距，直指文本，捕捉或再經歷文本作者的內心世界；這基本上忽略人是歷史存在以及文本也是歷史存在。的確，作為人的詮釋理解者是歷史存在，他是在這樣或那樣的歷史脈絡或情境中去面對文本；而文本在作為歷史存在的同時，也通過這樣或那樣的歷史脈絡和詮釋理解者相遇，這種相遇也同時又成為歷史的一部分，產生歷史的影響或效應。不過，施萊馬赫的詮釋學雖然忽略上述這樣的向度，但是，他揭櫫人的將心比心的理解詮釋能力，這是值得重視的。人的將

心比心的理解詮釋能力，是人的生命能力，這種生命能力讓人在受到歷史的制約的同時，可以繼續去理解詮釋文本，並且用歷史制約下所形成的話語或語言文字符號來呈現這樣或那樣的理解詮釋。不過，施萊馬赫的詮釋學，雖然為我們指出理解詮釋是人的生命能力，但是，他把詮釋理解者和被詮釋理解對象基本上看成是主體對客體的關係；這是一種主／客二分的框架，這種框架使得施萊馬赫自覺或不自覺地把詮釋理解者和文本之間看成是詮釋／被詮釋或理解／被理解的關係，這仍然沒有跳脫以主／客二分為基礎的認識論的窠臼；於是，從人的主觀生命能力出發，卻希望能實現一種具有客觀性或甚至具有普遍性的理解和詮釋。

狄爾泰 (Dilthey) 把作為人的生命能力的理解和詮釋稱為移情。狄爾泰通過移情來作為其詮釋學的主軸時，透露出他已努力想將詮釋理解者與文本的關係不只看成是一種主／客二分的認識論的關係，而是詮釋理解者與文本作者之間的心心相印或心靈交流及溝通的關係；不過，狄爾泰到頭來仍然還是沒有跳脫類似上述施萊馬赫所面臨的問題：從主觀詮釋出發卻企圖實現客觀理解。❿

四、對「文本詮釋如何可能」的思考：伽達瑪與「視域融合」

詮釋理解既是人的生命能力，也是人的生命實踐，當我們去詮釋理論文本時，已經將它納入我們的生命實踐，成為我們生存籌劃的環節。亦即文本不只是純粹的被認識對象，詮釋理解也不

只是一種非常純粹的認識論上的所謂客觀的文本意義的發現。❷

人不斷地在進行理解詮釋的同時，也不斷地在繼續生活和生存著，理解詮釋就是人的生活和生存，文本是我們生活或生存的材料或憑藉或內容；這種從存在論或本體論的角度去看詮釋理解的觀點，透過海德格、伽達瑪 (Hans-George Gadamer) 和里克爾 (Paul Ricoeur) 等思想家獲得不斷的發展；而相關的說明，在其他章節已有分析，在此就不再贅述。

　　不過，我們在此還是要再提及伽達瑪的視域融合的觀念。在所謂視域融合的過程中，主／客體相互克服對方的異己性，從而通過彼此來擴大自己的意義內涵；亦即，在視域融合的過程中，主／客體相互通過對方來成就和豐富自己，或者說，主／客體彼此讓對方通過自己來成就和豐富對方；再換句話說，這是一種相互揚棄並且相互證成的過程。

　　我們在前面曾不斷提及，我們的賦意或理解，是無法阻擋人、事、物的流變的；我們的賦意或理解，永遠都是暫時的，我們不可能做出有關對確定意義追求的宣稱。我們在前面曾說，這不應該只導引我們陷入虛無主義的方向，而是可以導引我們邁向更開放的、更包容和相互尊重的方向。在此，我們要強調的是，人、事、物或萬事萬物不是非彼即此，而是既彼既此的關係；主／客之間或你我之間，也不是非彼即此，而是既彼既此的關係，或者說是一種相互決定、互相證成的關係。當我們認為或被別人認為，對人事物或文本進行很深刻的賦意或詮釋時，其實，也反身過來發展了我們的生命和生活，簡單地講就是發展了我們自己。理解

33

詮釋者和文本之間，表面上看來，雖然不存在通過言談、問答的直接交流溝通，但是，事實上，文本仍然通過語言文字符號向理解詮釋者敞開，仍然以意義體的身分來向理解詮釋者開放，而理解詮釋者則通過語言文字符號去面對文本，這一來一往幾乎同時不斷進行的過程，也是一種交流溝通，或者，我們可以說，也是一種對話。在這樣的交流溝通或對話中，理解詮釋者和文本彼此通過對方來呈現自己，或者是讓對方通過自己來呈現對方，從而實現伽達瑪所謂的視域的融合。

伽達瑪的視域融合觀點，基本上既跳脫了主觀主義的窠臼，不會只強調主觀理解詮釋能力的重要性，同時也跳脫了客觀主義或結構主義，不會只強調文本的既定語言或語法結構或格局的決定性的影響支配力。如果只囿於主觀主義，很容易將理解詮釋只說成是人的主觀移情或將心比心能力的展現；而反過來，如果只囿於客觀主義或結構主義，就很容易將理解詮釋只說成是文本的客觀的語言或語法結構或格局制約下的結果。伽達瑪的視域融合觀，凸顯了理解詮釋者和文本之間的相互決定、互相依賴、相互滲透、相互證成、互相擴展的關係；在這種關係中，不會陷入文本專制或理解詮釋者專制的簡化困境之中。

在另一方面，如上述，我們無法追尋確定的意義，從而我們無法宣稱我們的賦意或詮釋是唯一和絕對的；如果我們只停留在這樣的水平上，是不夠的；我們必須認識到，我們自己的賦意和詮釋會在被賦意的文本之外形成另一個文本，而別人對同一個文本的賦意和詮釋也同樣會如此，形成另一個文本；當我們自己和

被詮釋文本之間不斷形成視域融合的過程中，其它有關於被詮釋文本的另一些文本，也會被拋入這個視域融合的氛圍之中，成為視域融合這個家族的一員。我們要特別強調的是，在理解詮釋者與文本的對話，從而不斷形成視域融合的循環過程中，絕不是一種一對一的關係，而是多造互動，並且相互照現的關係。

　　亦即，在針對同一個文本，所形成的各種不同的理解詮釋之間，表面上看來是呈現公說公有理，婆說婆有理的局面，並且陷入一種各有所堅持的詮釋學循環中；但是，在這種局面或詮釋學循環中，各種理解詮釋其實是相互照現；我們無法跳脫這種循環，但是，我們可以讓這種循環往良性的方向發展，而就必須通過相關的理解詮釋各造能夠進行對話，或將這種循環轉向對話；然後以對話為基礎，朝向相互的理解，從而相互尊重的方向發展；這並不是否認，可以求得或達成一種共識、答案或方案，而是強調，不能以強求的方式去實現或達成。有關如何通過對話去轉化詮釋學循環，我們將在其他地方再行論述，在此，再強調一次，通過對話，或將詮釋學循環轉化為對話，才能避免使詮釋學循環往惡質的權力鬥爭發展，從而培養出相互尊重和包容的可能性。

註　釋

❶　Merold Westphal 著，郝長墀選編，《解釋學、現象學與宗教哲學——世俗哲學與宗教信仰的對話》(*Faith and Secular Philosophy in Dialogue*)，北京：中國社會科學出版社，2005 年 12 月，頁 122。

❷ 同上註，頁 144。

❸ 同上註，頁 123。

❹ 同上註，頁 139。

❺ 同上註。

❻ 同上註，頁 140。

❼ 同上註，頁 153。

❽ 同上註，頁 124。

❾ Paul F. Knitter 著，王志成、思竹、王紅梅譯，《一個地球，多種宗教: 多信仰對話與全球責任》(*One Earth, Many Religion: Multifaith Dialogue & Global Responsibility*)，北京: 宗教文化出版社，2003 年，頁 76。

❿ 同❽，頁 68–69。

⓫ 同上註，頁 137。

⓬ 同上註，頁 101。

⓭ 同上註，頁 46。

⓮ 同上註，頁 45。

⓯ Schleiermacher, *Hermeneutics: The Handwritten Manuscript*, trans. James Duke and Jack Forstman (Missoula, Mont.: Scholars, 1977).

⓰ 同⓮，頁 52–53。

⓱ 同⓮，頁 71–72。

⓲ 同上註，頁 71。

⓳ 王慶節，《解釋學、海德格爾與儒道今釋》，北京: 中國人民大學出版社，2004 年，頁 11–12。

⓴ 同上註，頁 17。

第三章 對經濟學如何成為科學的反思

一、對經濟學研究基本設定的思考

經濟學長期以來被認為是最「科學」的社會科學。不過，在其發展過程中，它也曾被稱為一種沈悶的學科；而自二十世紀九十年代以來，它也遭到來自後現代主義的強烈挑戰或批判。不管我們如何看待後現代主義，但是，來自後現代主義的警告和提醒，其實很難讓人置若罔聞；我們可以或甚至需要去反思經濟學。在這個反思的過程中，我們當然會受到來自後現代主義警告的衝擊或制約，但我們希望不要只是停留在後現代主義。

經濟學是社會科學中體現現代性最為充分的學科；同時，它可說是在現代性籠罩下所進行的科學統一運動的具體成果之一。經濟學依托著現代性建立了自己的邏輯並且開展論述，經濟學可以據此邏輯脈絡不去搭理來自後現代主義的挑戰，或進行不斷自我強化式的辯護。不過，後現代主義的風颳進經濟學，並不是某些刻意標新立異之人的個人作為，它代表著一種對現代性的反思浪潮的發展。

在此，必須特別強調，後現代主義對於經濟學而言，一方面當然可能是一種從外面吹進來的風；但另一方面也可能或也會是一種從內部吹起來的風。而不管是從內部或外部吹起來的後現代主義的風，它都會不斷撞擊經濟學的後設敘述——現代主義。

不過，在論述經濟學中後現代主義和現代性邏輯的爭論之前，讓我們先來關注為何經濟學會被不少人稱為「沈悶的科學」。經濟學之所以被這樣的稱呼，主要是它被認為受制於數學計算和以數學為基礎的模型建構，從而脫離了社會現實，變成與具體事實無關的抽象東西。❷而環繞著這個主要批評而來的，還有人指責經濟學對社會和人們的苦難漠不關心，以及對社會規範、習俗、情感和道德問題視而不見。❸通過上述這樣或那樣的批評，有人認為經濟學在走向純理論的抽象方向發展的同時，幾乎已經成為某種純粹智力的遊戲。❹

上述這類批評，我們似乎也可以在其他社會科學的學科中聽到，只不過，由於經濟學的數學化技術的程度高，因此遭到脫離實際的批評也特別強烈。

經濟學是一門非常信任理性的學科；甚至，我們可以說，它是以理性的個體作為基本預設的學科，理性是經濟學的最基本話語或概念。從這個角度觀之，我們說經濟學作為體現現代性的學科，實不為過；因為，現代性的展現，其中一個主要的軌跡是通過對理性的信任，或依托著「理性」並以其作為本體來進行的。

不過，以「理性」為基本或後設話語，甚至是本體，經濟學的運作和發展朝向數學化、模型化和技術化的方向發展，從而招來脫離實際或現實的嚴厲批評。通過理性的充分信任，進行知識的建構，這樣的知識到底和實際、現實或實在的關係為何？是會導致與實際的脫離，或仍然可以解釋、呈現實際，或者是在建構實際或現實？

作為體現現代性的學科，其另一個主要運作軌跡，是以經驗材料作為建立權威的基礎，亦即以是否經得起經驗材料的檢證或否證，來確立其權威性。理論和模型是否與現實相符，或是否可以解釋說明現實，成為一個被稱為科學的知識，建立其權威地位，從而具有正當性的基礎。不過，從目前經濟學的發展來看，似乎仍然不斷向數學化、模型化和技術化的方向傾斜發展，數學化和以數學處理為基礎的模型建立似乎成為經濟學建立其權威甚至正當性的基礎。而數學化和模型化是理性能力的展現，理性能力的展現，似乎已成為經濟學建立其權威或甚至正當性的基礎。

到底是以理性能力還是經驗材料作為權威建立的基礎?當然，我們可以回答說，理性能力和經驗材料可以同時被一門號稱科學的學科作為建立權威的基礎；可是，從對經濟學脫離實際的批評來看，似乎有不少人並不認為經濟學已經可以將理性能力和經驗材料同時作為其權威建立的基礎。

在經濟學中，模型的建立被實際宣稱是為了解釋現實或甚至是進行預測。作為這種宣稱的正當性基礎，是一種實在論 (realism) 的設定。亦即是實在論讓這種宣稱變成是可以接受的，這種實在論設定有實體或甚至是客觀實體的存在，基於這種設定，才會有所謂的「事實」。如果再細究下去，以實在論作為基本假定，這是一種價值選擇，它提供了經濟學模型建構的正當性基礎。❺

經濟學的模型是對社會世界的一種建構。它通過一套假設和概念框架，以及邏輯的推導和數學演算，對現實社會世界進行重組從而對它進行建構，並賦予社會世界一定的樣子或意義。因此，

模型的建構並不是在反映現實，而是在建構現實。❻模型的建構，是經濟學認識社會世界的一種途徑，同時也是一種過程。這種途徑或過程，無可諱言的，是一種簡化和抽象化的過程；而如果再細究下去，這種簡化和抽象化是人們意識，或可稱為精神或甚至可稱為理性能力的展現。這種能力的展現，為的就是為「事實」提供正當合法的判定或認定。對不少經濟學而言，如果沒有模型的建構，社會世界是無法被提供或解釋，而所謂事實社會變成一堆相互沒有聯繫、連結和沒有意義的碎片，它不僅很難被認知，甚至很難成立。對它們而言，通過簡化和抽象化，模型建構與事實有距離，不過，這種簡化或抽象化，是為了認識、解釋社會世界必要和合理的工作。❼隱藏在這種觀點背後，有一個基本的設定：因為社會世界非常複雜，人不可能掌握社會世界的方方面面，因此，必須通過簡化和抽象化的過程，才能認識、解釋社會世界。

上述這樣的基本設定，其實有其盲點。因為人從來都不可能窮盡社會世界，掌握其方方面面；人從來都是通過簡化或抽象化的途徑和方式去認識、解釋社會世界的。簡化和抽象化是人的生命能力的表現；人通過這種生命能力去建構社會世界，從而生活於其中。社會世界的複雜，對人而言，當然是一種背景，但人可以通過簡化和抽象化的過程，讓人活在這個複雜的背景或載體中。不過，簡化和抽象化本身就是一種取捨，其中包含排除、假設、歸納、演繹和推論，這其實也是一種價值選擇。人不是直接依托在所謂複雜的社會世界中，而是活在依循簡化和抽象化所建構的世界中，從而通過在這個被建構的世界中的實踐交織出所謂的「複

雜」。「複雜」不是預先存在的，也不是外在於人的，而是人通過
以簡化和抽象化為主軸的實踐或呈現。簡化和抽象化不是對應社
會世界的複雜性的一種方式或策略；而是，剛好反過來，複雜性
是人展現簡化和抽象化這樣的生命能力時一種邏輯的相應設定。
而當簡化或抽象化被認為是合理和必要的，那麼通過簡化和抽象
化所進行的模型建構，才會被認為是正當的。而這個被認為正當
的模型建構反身過來，又可以讓人們依模型來進行演繹，將所謂
人的行動、行為或事件現象安置在模型的覆蓋下，使它們能夠獲
得解釋，並被人所認識；也就是說，在這樣具有某種演繹性的過
程中，現實或事實存在或發生的原因或理由形成了，並且被認為
具有可理解性和合理性。

　　不過，在經濟學模型的建構過程中，相當程度地強調可計算
性，在這個基本原則導引下所進行的推導演算，往往自覺或不自
覺讓數學計算的邏輯替代了其他的邏輯；這是前述經濟學的模型
建構被認為脫離現實的重要原因之一。或許，我們可以說，依循
數學計量的邏輯來推導演算，本來就模型建構對人的抽象化生命
能力的展現，這何須被批評或被反思。不過，當模型建構被認為
是脫離實際，或是無法解釋現實時，在某層意義上，它代表模型
對現實建構的失敗；或至少是，會被認為無法作為解釋現實的正
當基礎。合乎數學計量的邏輯，並不表示就有合理性，甚至不能
表示，它就會被接受，可以被用來解釋現實。或許，我們可以再
講簡單點，合乎數學計量的邏輯並不等於具有合理性或正當性；
而如果要讓合乎數學計量的邏輯延伸出合理性或正當性，這中間

必須依托敘述或論述來作為銜接；我們不能讓這個「中間」中空成為某種黑箱。光憑數學計量的邏輯，或是光憑數學計量的演算推導，是無法解釋現實，從而也無法建構現實的。數學計量的演算推導必須被安置在一套敘述或論述之中，才能展現對現實的解釋和建構的能耐。

此外，在經濟學模型建構中，需要通過這個或那個的條件設定或假設，這其實是一種原則的建構，而依循著這些作為原則的條件假定或假設，所做出的解釋，其實是帶有規範性的建構。❽ 在此要特別提出的是，在模型建構過程中的條件設定或假設，基本上是依循著行動體或人是理性的這樣的後設設定而形成的。這樣的後設設定是經濟學模型之所以可能的另一個基礎；或者，我們可以說，這樣的後設設定是模型之所以能被建構而且能被接受，甚至能被認為是合理的正當性的基礎或依據。從這層意義來說，模型的建構可以讓我們在事件或現象中去彰顯行動體或人的動機和意圖的作用和重要性；因此，經濟學模型的建構是一種合理性（合乎人的動機和意圖）的解釋方式；這種解釋方式，引領我們去重演使事件或現象發生的人的動機和意圖，亦即，經濟學有關行動體或人是理性的這樣的設定，基本上把我們放到事件或現象中，去勾畫、指出或識別或編織其行動者的動機和意圖；這就不只看到事件或現象的外部型態，還從「理性」設定出發，將事件或現象的外部型態的行動者的動機和意圖連接起來。❾

二、 對經濟學模型研究如何可能的探討

雖然經濟學模型的建構，奠立在上述的「理性」設定上；但是，它的主要目的在於為人的行為和現象之間建立因果關係，或者是為某種現象尋求解答或解釋。而這些都是通過數學工具來進行的。經濟學的模型建構，基本上有點像自然科學中的實驗設計，只不過，自然科學的實驗可以通過重複的過程進行，而儘管經濟學可以設定人都是理性的，但卻無法設定人的行為是可以重複的；人的行為的不可重複性再加上如前述社會世界的複雜性，經濟學模型的建構必須通過一些條件設定或假設作為基礎，並且將所要求解答或解釋的問題或事情，或因果關係的建立轉成數學公式，從而進一步將經驗材料化為數學數據。

而在將經驗材料轉化為數學數據的過程中，基本上就從人或行動體是理性的這樣的設定出發，忽略或取消了人或行動體的差異性。

在進行條件設定或假設以及建立數學公式之前，研究者已經進行了一定程度的觀察，以及由此觀察所延伸而來的歸納；而當研究者依循著條件設定或假設以及數學公式企圖去對現象進行解答或解釋，或為其建立因果關係時，研究者仍然需要繼續進行觀察歸納。上述這樣的觀察歸納，經常被研究者或經濟學家據以強調經濟學模型和現實的連接關係，從而也經常據此來反駁經濟學模型脫離現實的批評。

研究者或經濟學家在模型建構和運作過程中，所企圖要建立

的因果關係，或所要求解答的問題或事情，都是以條件的設定和假設為前提的。我們在前面已經說明，這是人的簡化和抽象化生命能力的表現；同時也是人對現實的一種建構。不過，在此，我們還是不得不強調的是，在經濟學模型建構和運作的過程中，除了如上述，存在著由理性設定所延伸出來的對人或行動體的差異性的忽略或取消外，還會因為條件的設定或假設，使得因果關係的建立或對問題或事情的解釋基本上是化約的。

首先，我們可以和一般的批評一樣指出，因果之間直線式的關係，從因到果之間有一個非直線式的過程，忽略掉這個過程，指行為與對象之間有因果關係，這其實不只是化約，也是一種抽象化。而且，只指出行為與現象之間有因果關係，這其實是蠻空洞的；換另一句話說，指出行為與現象之間有因果關係，這仍然使行為與現象之間的關係還是中空的。因為我們還是可以問，為何這樣或那樣的行為會導致這樣或那樣的現象，或是如何導致的。

我們當然可以指出行為和現象之間具有因果關係，但要避免空洞化或中空化，我們必須進一步回答上述所問的兩個問題；而要回答這兩個問題，就不能只依循數學工具來進行，還必須依循敘述，或者說，講通俗點講故事，來使行為和現象之間的因果關係真正能被連接起來，或者說被豐富填補起來。

可能，經濟學的研究者聽到經濟學模型的解釋或解答必須依循敘述或講故事，就會非常反感或害怕。因為，它們可能將敘述或講故事和虛構、脫離現實或信口開河連接起來。其實，當我們在設定條件或假設，或者在鎖定某種行為與現象的關係，或某種

問題或事情時，我們就在進行敘述或講個故事，因為，我們必須說明，為什們我們要鎖定某個關係或問題或事情；而條件假定或假設，或擬出數學公式，這等於是在安排敘述的情節或格局。

從意圖或動機來解釋人的行為或行動，這是一種心理學或意識科學的途徑。不過，在此要指出的是，只說人的意圖或動機和人的行為或行動有關係，這其實就如上述，是變空洞的，人的意圖或動機和人的行為或行動之間的關係還是中空的；要填補這樣的中空，也必須通過敘述或講故事。想要指出行為與現象之間，事件與事件，存在著包括因果在內的關係，到頭來都必須通過敘述或講故事，才能克竟其功。如果沒這麼做，除了會出現上述的中空或空洞化的問題外，還會使我們陷入套套邏輯的環境中：為什麼行為與現象、動機與行為、或事件與事件之間會有關係，那是因為它們之間本來就存在關係。要指出有這種或那種關係，這必須放入敘述或講故事中，或者說，它本身就是在敘述或在講故事。

還有，當我們在對對象進行觀察或甚至進行歸納時，我們也須通過敘述或者講故事，因為我們必須交代，我們觀察到什麼，我們從觀察中可以歸納到什麼。此外，我們也必須特別提出的是，人或行動體的動機或意圖，一方面當然可以被當成是一種心理或意識作用或生命能力，但另一方面，它們不只是心理或意識作用或生命能力而已，它們更是一種社會和歷史現象，人的動機和意圖是鑲嵌在社會和歷史脈絡中來表現的，它們本身可以說也是屬於社會和歷史的一環。

　　經濟學模型的建構，通過向數學的轉向，來凸顯經濟學的科學性，而這種科學性是通過以數學工具為依托的可計算性和可衡量性來表現的。不過，光依賴或通過可計算性和可衡量性去進行數學的運算和推導，並不能解釋或說明現實，而必須進一步同時依托著敘述或講故事，才能克竟其功。數學工具是敘述或講故事的一種技術性的工具，它必須被納入敘述或講故事之中，它們才能發揮它們的解釋和說明功能；亦即，只有數學工具是不能進行解釋或說明的，只有通過敘述或講故事，數學工具才能進行解釋或說明。數學工具如果不鑲嵌在敘述或講故事中，它其實是非常空洞的，它與現實之間是可以完全脫離的；數學工具和現實要產生接連，必須通過或依托敘述或講故事。

　　經濟學的模型建構，並不是靠前述的研究者的觀察歸納，而是靠敘述和講故事來和現實相連接的。通過敘述或講故事，經濟學的模型建構才被導入社會歷史脈絡亦即現實之中。

　　其實，如果再講細一點，不通過敘述或講故事，不只會使經濟學模型脫離現實，而且更有可能使經濟學模型不成為模型，或者說，無法建構模型。

　　數學工具是經濟學模型建構運作過程中的一種語言符號，這種語言符號有其自身的邏輯，而這種自衍性的邏輯有可能與現實的邏輯不一致或所謂的相脫節。這種語言符號如果要與現實相結合，或能去解釋說明現實，或去建構現實，就必須通過考量社會歷史脈絡，或時間空間因素的其他語言符號敘述或講故事來支撐。此外，愈依賴或愈強調數學工具的學科，其數學式的語言符號的

使用就必須更加謹慎，因為在強調可計算性或精確性的同時，語言符號的使用或稍一不慎，就有可能失之毫釐差之千里；換句話說，愈強調或重視數學工具的重要性，就愈必須注意語言符號的使用，愈重視修辭；因此，數學工具的分量愈重，其實其重視修辭的程度就有可能愈高。

亦即，我們其實不能宣稱通過數學去證明了什麼，或解釋說明什麼；我們通過數學去證明或解釋什麼，這其實是一個說服的過程，說服需要通過敘述和講故事，這其中更涉及到修辭的運用。數學工具本身不會使經濟學模型具有正當性，這個正當性必須通過敘述和說故事，以及由此延伸而來的修辭的運用來獲得奠立與表現。數學工具的使用，是一種論證方式，而這樣的論證方式是必須鑲嵌在敘述、講故事和修辭之中，才能達到說服人的效果。

而我們要推翻或反駁某個經濟學模型，不只是要依賴數學工具，我們也還要依賴敘述、講故事和修辭，才能說服人。論證、反駁或推翻，都是一種說服的過程，這其中其實已經涉及到溝通，甚至已經涉及到談判的問題；而說服也好，溝通也好，談判也好，我們都要知道，其方式不可能固定不變，亦即不含有固定的方式。❿

三、經濟學與研究論述的關係

說到這裡，也許經濟學家或研究者，會非常激烈的反對我們將經濟學模型的建構和應用當成是一種修辭學的表現和應用；可是，他們可能必須注意到，當他們在反對時，他們可能已經在運

用另一套修辭學，他們是用另一套修辭學來反對另一套修辭學。⓫

我們之所以會選擇用某種論證方式，基本上是認同了這種論證方式，這其中也存在或涉及了被說服的過程。而論證方式基本上是依托在某種典範或標準之下；因此，當我們選擇了某種論證方式，基本上我們也就自覺或不自覺的接受某種典範或標準，這其中便涉及被說服的過程，而這種被說服的過程也是一種社會化的過程。某種典範或標準能夠確立，是通過對不少人的說服，獲得他們的認同，才能克竟其功的，這是一個社會化的過程，⓬這其中也涉及到主導權的競爭或爭奪，而這樣的競爭或爭奪，其實就是一種權力拼搏的過程。我們可以這麼說，什麼是客觀，什麼叫主觀，何為客觀性，對這些問題的回答、說明或定義，都是籠罩在我們所依循的典範或標準，而當我們在這麼做的時候，我們又正在經歷一個被說服的社會化過程。所謂客觀性、主觀性、真實性，對它們的定義，既然都是通過一個說服的過程，我們可以這麼說，這過程與修辭學是有關的。⓭

通過以修辭為基礎的說服過程，讓別人相信有關何謂客觀性或真實性的定義或說明，這意指別人願意認同從而依循你的定義或說明，這是一種權力的展現，同時也是一種倫理關係的形成；⓮透過這種權力和倫理關係，人們相信通過什麼樣的修辭所定義和說明的是所謂的「客觀」和「真實」。因此，所謂的「客觀」和「真實」，是權力和倫理式的客觀和真實。⓯

而既然所謂客觀或真實是一種權力或倫理關係的展現，那麼它們也是一種社會關係的體現，從而也作為一種社會現象而存在。

何謂客觀和何謂真實的陳述或論述，如果被接受，這代表著它們已經是權威的陳述或論述，而它們之所以是權威的，是因為它們被某個群體或某些人所接受。**❻**

當經濟學家、經濟研究者和其他的人們自覺或不自覺地接受某個典範，這個典範就提供了一種意義體系，這種意義體系會讓人們接受什麼是真的，甚至什麼是對的或什麼是假的，什麼是錯的。**❼**典範在提供一種意義體系的同時，也提供某種後設敘述，支持人們去進行相關的論述。我們或許在不同階段都在追求所謂真實，只不過我們自覺或不自覺所接受的典範不同，使得我們有不同的意義體系和後設敘述，因而使得我們人所謂的「真實」的內容不同。**❽**在此，我們甚至可以引陳新所著的《西方歷史敘述學》一書中的一段話來輔助我們的論述：

因而，中世紀所認為的歷史的真實不一定必須符合後世宣揚的歷史的客觀，唯一的要求是歷史不應超越時代的意義體系。這種意義系統的產生源於社會中主體之間的相互認同，它是歷史真實賴以存在的條件。作為信仰時代的歐洲中世紀，歷史的真實性必然與信仰密切相關，正如當代社會的真實以科學的客觀性為依託一樣，它們都是合理的，即是合時代之理。**❾**

在一個階段或時代被認為是真實的，可能在另一階段或時代被認為是虛構的或不真實的；它們都是由每一個階段或時代被接受的意義體系決定的；真實或虛構沒有絕對的標準，定義它們的標準是會變動的。而這些意義體系和由其所延伸出來的標準之所以會確立，是以社會中主體間的相互認同作為基礎的。因此，它

們是社會的，或者說是一種社會觀察；而且，它們不只是一種社會現象，更是一種鑲嵌在歷史中的歷史現象。

經濟學以實在論作為其論述的基礎，承認有實體或者說有客觀實體的存在。不過，我們在此要表明的看法是，我們從來不曾否認有現實世界的存在，從而也不會否認在現實世界中不斷發生這個或那個事情或事件；可是，現實世界或這個那個事情或事件，一定要被賦予意義才能進到我們的認知與生活實踐中來。而如何賦予意義，這必須通過語言文字符號，和以語言文字符號為基礎的論證方式。語言文字符號，意義系統和論述方式是現實世界之所以會有意義的泉源，若再說直接點，其實是現實世界的家。而某種語言文字符號、意義系統和論證方式之所以被接受或運用，是通過社會中主體間的相互認同作為基礎的。因此，對於包括經濟學在內的任何宣稱科學的學科而言，「實在論是一種社會需要——所謂社會的，就是修辭的，即倫理的。」❷⁰

經濟學的知識不是「由實體或客觀實體決定」的；再而，經濟學的知識也不是純由有關理性的個體設定來決定的，經濟學知識是依託著社會並鑲嵌在社會中而形成的。在此，我們願意先沿著庫恩 (Thomas Kuhn) 的看法，強調所謂科學知識其實就是某個科學共同體或社群 (community) 成員的信念，❷¹ 然後通過他們不斷的依循此信念去進行研究、教學或宣揚，這樣的信念可能就轉成具有更廣泛社會意涵的知識。某種知識的形成與確立，會經過一個社會化的過程，亦即一種說服從而被認同接受的過程，這其中涉及到前述的指導權的爭奪，透露出濃濃的權力味道。

　　包括宣稱是科學的所有知識在內，它們的來源都不是在自然或實體或客觀的實體，而是來自社會來自權力。知識是社會的，同時也是權力的，經濟學知識也不例外。

四、對經濟學理論、模型的思考

　　波普 (Karl R. Popper) 的證偽主義或稱為否證主義曾告訴我們，某個科學理論或假設為何會被認為優於其他理論或假設，其關鍵在於因為它較其他理論或假設更禁得起經驗證據的否證。要用經驗證據去否證或檢證某個理論或假設，這不光是靠所謂「客觀的經驗事實」，這其中還涉及到論證說服和修辭的使用，才能讓人願意相信和接受某個理論或假設被檢證或否證。認為經驗證據可以直接去否證或檢證某個理論或假設，這是一種素樸或天真的否證主義或經驗主義。波普的經驗主義是一種個人式的經驗主義，我們在此要強調的是，經驗主義不能是純粹個人的或個體的，而應該是社會的，亦即人的經驗是含有社會成分的，我們某個或某些經驗看作是真的或可靠的，這是需要依託或通過一套社會標準的；通過這一套社會標準，其他才會將我們所看作真的或可靠的經驗也當成是真的和可靠的。❷

　　庫恩的科學觀已經告訴我們科學知識的形成確立和發展是非常歷史的；亦即，科學知識是經過一個演變發展的過程，並且獲得科學社群的認同和支持才能獲得確立。科學知識經過這樣的或那樣的社會和歷史過程，它不能宣稱是放諸四海而皆準或亙古不變的；反之，它是受社會歷史條件的制約，有其階段性、特殊性；

51

而科學知識之間是具有不可通約性的，❷以及由此延伸而來的不可比較性；亦即，科學知識之間並不能從一致的甚至固定的標準來加以評估和比較。

波普的證偽或否證主義告訴我們，理論和假設其實都是暫時的，它們隨時都準備接受來自經驗證據的否證或檢證。亦即，我們不能宣稱我們擁有永恆為真的植基於經驗的科學知識，而庫恩則如上述告訴我們，科學知識的形成是一種社會和歷史現象，科學知識之間是不可比較和通約的。我們從波普到庫恩這些觀點來看，我們其實已經可以感受到後現代主義的風早已刮進了科學哲學或科學理論領域。

如果要繼續順著後現代主義的思路追究下去的話，那麼我們還要進一步指出，人從來都不能直接去經驗，而是必須自覺或不自覺地通過這個或那個過濾器，如種種的意義系統、歷史文化背景、語言文字符號等，去進行經驗。因著這些過濾器的不同，我們所經驗的內涵和意義，其實就會有所不同。在經濟學模型的建構與運作過程中，儘管經濟學家或研究者可以宣稱，他們是植基於經驗，並且通過觀察歸納來建構模型，可是，當他們在經驗，或在觀察歸納時，他們是通過種種過濾器來進行的；而且，當他們在進行條件設定或假設，或在建立數學公式時，其實他們更受種種過濾器的制約。修辭能力、數學方式的語言符號使用的能力、條件設定或假設的敏銳度和能力，以及對事情或現象注意的能力和敏銳度等，這些都制約影響著研究者和經濟學家。而這些能力的展現，與通過包括語言文字符號在內的過濾器進行研究直接聯

繫在一起。

通過種種過濾器去經驗或研究，這除了表示，我們不能期待可以抽掉過濾器去經驗，以及可以形成共同一致的標準去評斷真假對錯外，更重要的是，我們是通過種種過濾器去建構經驗，使經驗成為可能。這種途徑有可能導引我們向觀念論的方向發展，認為是語言文字符號、文化和歷史等這些過濾器讓我們去建構了現實。這種觀念論的途徑，會使我們忽略或取消了現實世界中的物質有形的面向。❷我們承認，我們是需要通過過濾器建構的東西，它可以成為一個實體，或甚至可以被暫時視為「客觀的」實體。只不過，這個實體的意義，必須進一步通過相互主體之間種種過濾器的賦予。在此，要特別強調的是，我們通過種種過濾器去建構了現實和經驗，但我們也同時活在或鑲嵌在這樣的建構實體中，從而也從中獲得這個或那個的過濾器。

論述至此，我們要說的是，我們可以承認有實體的存在，甚至有這樣或那樣的事情或事件發生；但是，實體和這樣或那樣的事情或事件的意義，是人們通過這個或那個過濾器所賦予的。我們不能區分所謂物質和心靈，或者客體和主體；而是必須認識到，物質和心靈、或客體和主體是相依相生、相互建構、相互保證、互相滲透的一種「你中有我，我中有你」的關係。

在此文中，我們並沒有針對所謂經濟學特別是經濟學模型建構是道德無能或罔顧道德而對這些問題加以反思。經濟學模型建構之所以會招致這樣的批評，這與其強調數學工具和實證主義或經驗主義這些過濾器或後設敘述來看問題或事情有關。這些過濾

器讓經濟學家或研究者，只重視是否能解釋分析「真實」或「現實」，而從這延伸而來的是，當然不管對或錯的問題，他們所重視的是前述的可計算性或由此延伸而來的可衡量性。過濾器或後設敘述提供了我們視界的同時，也限制了我們，讓我們可能視而不見，見而無動於衷。我們可以貼近式的理解經濟學，但我們也同時可以通過「過濾器式」的閱讀，提出經濟學對不少人來講，是有其侷限的，甚至是脫離現實的，或是罔顧道德的。

　　經濟活動是人的社會生活的一環；經濟活動不管是為了獲利、利潤或效率；或者說，經濟活動不管是由於人的理性算計或不是，它們都是人的社會生活實踐的一環。由經濟活動所延伸而來的經濟現象或事件或問題，也是人的社會生活實踐的一環，或者說，是人的社會生活實踐的表現。我們注意到或選擇什麼樣的經濟活動、現象或事件，基本上是讓它們進行描述並且將它們和數學工具以及這個或那個條件設立或假設連接在一起，這種中間都要經過種種過濾器；而且當我們在這麼做的同時，我們也會將經濟模型與相關的理論相連結。經濟模型本身是一個文本，而相關的理論也是文本。經濟學家或研究者在建構經濟學模型的同時，形成了一個文本，而且與其他文本產生關聯。其實，若再追究下去，我們所注意到的經濟活動、事件或現象，基本上也是通過語言文字符號呈現給我們的；因此，若從這樣的角度看，它們也是文本。作為文本，它們需要我們去賦予意義，而不只是找出文本中的活動、事件或現象產生的原因。因此，當我們面對它們時，我們或許可以通過數學工具或條件設定，來為它們找原因；但這樣做必

須被納入前述敘述或講故事之中，讓原因成為通過敘述或講故事而進行的意義賦予的一部分。

　　既然經濟活動、事件或現象被我們注意到了或被我們研究了，就被納入我們的社會生活實踐；那麼，我們就不可能以旁觀者自居，或把它們當成是獨立於我們之外的實體或客觀實體，然後去解釋分析它們發生的原因，或它們彼此之間的因果關係；而是，反過來，我們必須去賦予它們意義。找原因或因果關係必然在敘述或講故事中才有意義，否則就如前述，它們其實沒有解釋什麼，因與果之間仍然是中空的或空洞的。

　　我們建構模型，也是一種社會生活實踐，這樣的社會生活實踐，不是為了去解釋或找出經濟活動、事件或現象的原因，或它們之間的因果關係，而是為了依循模型去進行敘述或講故事，在找原因的同時，去詮釋或賦予經濟活動、事件或現象的意義。經濟學模型的解釋必須被納入或整合進入以敘述或講故事的詮釋賦意之中，否則是空洞的。

　　如果經濟學著重趨勢分析，那麼經濟學的解釋分析，更是會以敘述或講故事的方式呈現，它不可能是純粹規律式的分析，企圖依規律去進行演繹，而是以未來為取向，為現象或事件建構出一種可能的內在發展脈絡，並依這種脈絡去觀照未來。而當我們這麼做的同時，我們正在進行社會生活實踐；而且，也可能導引了別人在認知未來的同時，影響了他們的社會生活實踐。對趨勢的分析，絕不是所謂的依循規律的演繹或預測，而是必須通過建構現象或事件內在發展脈絡這樣的敘述或講故事，去說服從而感

染別人。經濟學的數學工具的運用或模型的建構，可能會表現經
濟學的所謂「科學性」；但是，經濟學真正要和人的社會實踐相結
合，並且讓人感同身受，主要是靠它的敘述和講故事的力道；這
樣的力道才能真正展現經濟學的現實性，或者建構現實、導引現
實，從而和現實相結合的能耐。

註 釋

❶ 烏斯卡里・邁凱 (Uskali Maki) 編，李井奎、毛捷、王長剛、黃華
  僑譯，《經濟學中的事實與虛構：模型、實在與社會建構》，北京：
  世紀文景文化傳播有限公司，2006 年 10 月，頁 52–53, 331–342。

❷ 同上註，頁 12–14。

❸ 同上註，頁 12。

❹ 同上註，頁 13。

❺ 陳向明、朱曉陽、趙旭東主編，《社會科學研究：方法評論》，四
  川：重慶大學出版社，2006 年 9 月，頁 47。

❻ 同上註，頁 49。

❼ 同上註，頁 50。

❽ 同上註，頁 56–57。

❾ 周建漳，《歷史及其理解和解釋》，北京：社會科學文獻出版社，
  2005 年 2 月，頁 139–140。

❿ 同❶，頁 332。

⓫ 同上註，頁 335。

⓬ 同上註，頁 336–337。

⑬　同上註，頁 337。

⑭　同上註，頁 338。

⑮　同上註。

⑯　同上註，頁 341。

⑰　陳新，《西方歷史敍述學》，北京：社會科學文獻出版社，2005 年 7 月，頁 18–19。

⑱　同上註，頁 19。

⑲　同上註，頁 20–21。

⑳　同❶，頁 340。

㉑　同上註，頁 349。

㉒　同上註，頁 354。

㉓　王書明、萬丹，《從科學哲學走向文化哲學：庫恩與費耶阿本德思想的後現代轉型》，北京：社會科學文獻出版社，2006 年 1 月，頁 40–42。

㉔　Terry Terriff, Stuart Croft, Lucy James, and Patrick M. Morgan, *Security Studies Today*, Polity Press, 1999, pp. 111–112.

第四章 對企業管理的反思

一、對「企業」的思考

當我們走進一家稍具規模的書店，我們都會發現企業管理或與之相關的各色各樣的書相當多。而且，如果我們再多加留神一點，我們也會發現，企業管理的書更替的速度相當快，在流行過一段時間後就被其他觀點的書所替代。我們既可以說，企業管理的書琳瑯滿目，也可以說，企業管理的書呈現出曇花一現或以曇花一現為基礎的走馬燈式的現象。

書店或出版社之所以把企業管理的書上架或出版，當然表示這類的書被設定是有市場的，或確實是有市場的。而更重要的是，這表示企業是社會中的重要實體，它攸關人們的生活實踐，從而被人們所重視；而由此延伸而來的是，有關企業或企業管理的知識，也連帶地受到人們的垂青和喜愛。有關企業或企業管理的知識，是當代的顯學之一，這是毋庸置疑的事情。不過它所呈現的前述所提及的這些現象，卻是我們必須加以解釋的現象。

針對上述的現象加以分析解釋，正本清源之道，或許我們首先必須面對最基本的「企業是什麼?」這樣的問題。面對這個問題，我們最容易延續資本主義和市場主義的視角，把企業逕直的視為一個經濟實體，並且把追求利潤、賺取利潤、爭取市場等話語納入對「企業」的說明解釋之中。資本主義和市場主義作為我們的

視角，其實已經成為我們的症候，讓我們自覺或不自覺地從資本和市場邏輯去理解企業；換句話說，我們這樣做，是通過資本和市場主義去建構了「企業」，而因為我們多數人都有有關資本和市場的共享知識或觀念，從而使這樣的建構變成可以被許多人自覺或不自覺認可接受的「社會現實」。

面對通過上述這種又可能稱呼為經濟主義的視角或症候所解釋或建構的「企業」，我們可以從另一種可以稱為社會的視角來加以反思和批評，從而可以將企業視為一個社會實體。作為一個社會實體的企業，它鑲嵌在社會脈絡、網絡之中，成為其中的環節或組成部分；而且，企業內部本身，說得通俗點，也是一個小社會，存在由職工、經理人員、雇主、企業主、組織、制度等交錯而成的社會網絡或脈絡，而不管是職工、雇主、企業主或經理人員，也都鑲嵌在企業內部的這些社會網絡或脈絡之中。通過鑲嵌，企業外部的社會脈絡和網絡，一方面制約著企業，而另一方面則「使動」(empower) 著企業，使企業能去追逐利潤，創造顧客或拼搏市場；此外，通過鑲嵌，職工、經理人員、雇主、或企業主等，一方面受企業內部社會脈絡和網絡的制約，而另一方面則因此被「使動」起來，去進行管理、決策、生產等。而且，我們說企業鑲嵌在社會脈絡和網絡中，這可以讓我們進一步說，職工、經理人員、雇主或企業主也鑲嵌在社會脈絡和網絡中。企業、職工、經理人員、雇主或企業主是通過上述的鑲嵌，來實現或實踐對利潤、利益的追求和對市場的拼搏的。亦即，他們的經濟行為是通過其社會性的鑲嵌作為基礎的。企業作為一種組織或單位，它是

職工、雇主或企業主等個人賴以鑲嵌在社會脈絡或網絡之中的中介或節點；反過來，我們也可以說，職工、雇主或企業主等個人是企業賴以鑲嵌在社會脈絡或網絡之中的中介或節點。而企業或職工、雇主或企業主通過鑲嵌並獲得「使動」，不斷去選擇或行動，從而帶動或促使企業內外社會脈絡或網絡的演變和發展。

二、對「市場」的思考

　　從以上這樣的社會角度來看，賺取利潤，創造顧客或拼搏市場等這些經濟活動，其實都是一種社會活動，它們受上述社會鑲嵌的制約和影響。而在這樣的社會邏輯下，所謂市場，基本上也是一種社會現象，並且是在社會脈絡或網絡中運行，或者說白一點，是鑲嵌在社會脈絡或網絡之中；因此，市場不是冥冥中的看不見的手，它可以運作自如的調節人的經濟活動；說市場是看不見的手，這是抽掉社會這個維度的結果；市場是通過社會脈絡或網絡而成為可能的；而這也就是說，市場不是抽象的，先驗的，或是在真空中運行的；市場是具體的、小眾的並且只有在企業或個人的追求利潤、創造顧客或進行種種交易的生活實踐中才有意義；❶或者，再換句話說，在上述這樣的生活實踐中，市場就伴隨著出現，它是可以被經驗到的。抽離企業或個人通過社會脈絡或網絡所進行的種種生活實踐，去談市場，是毫無意義，甚至是抽象的。

　　而且，通過上述這樣的生活實踐所形成或出現的市場，它本身就如同上述所講的也鑲嵌在社會脈絡或網絡之中，甚至成為社

會網絡或脈絡的一部分，亦即它有可能也會以這樣或那樣的建制或組織的看得見的形式出現或運作。

有不少人很容易將市場和建制化的組織（包括企業或其他形式的組織）二分；而之所以會將其二分最主要是因為長期約定俗成共同建構下的結果；長期以來，我們有意無意的不斷通過各種方式將市場視為看不見的手，而包括各種形式組織在內的建制或機制被視為是看得見的手，通過這種看不見和看得見的區分，從而將市場和組織區隔開來；經濟學理論特別是制度經濟學，基本上就是把市場和組織看成是兩種不同的組織形式，並且關注人們如何在市場和組織之間進行選擇，或在特定條件下市場與組織的優點和弱點如何相互轉化的問題。❷不過，如果從上述的角度觀之，市場和組織通過鑲嵌在社會脈絡或網絡中，是交纏在一起的，雙方被彼此透過對方而成為可能，或者我們可以說，雙方彼此互為鑲嵌。企業組織是市場形成和運作的一種依托和槓桿，而市場則是企業組織存在的正當性的基礎；企業組織和市場之間會通過企業內的交易互動，形成一種社會網絡或結構，或逕直地說，市場本身就是一種社會網絡或脈絡。❸市場是企業、個人（體）透過多重的交易互動所交織而成的社會網絡；其中的企業和個人（體）都是鑲嵌在社會網絡和脈絡中，具有高度社會性的實體或單位。

三、「企業」與「市場」的關係

科斯（Ronald Coase）曾經提出對後來經濟學理論，特別是交

易成本理論有所影響的問題：如果市場可以有效率的調節以生產為主的經濟活動，那麼人們為何還需要組織，或者直接講，為何還需要企業組織。❹這個問題在對交易成本理論產生影響的同時，也對新制度主義經濟學的發展產生影響。科斯這個問題的提問有其啟發性和啟蒙意義，但是，這樣的提問很容易讓人們掉入將市場與企業組織二分的框架或陷阱之中。企業組織不只是生產技術的組合，它更是一個拼搏利益、爭取顧客而且必須和各種內外單位或個人（體）交易的實體或場域。通過包括企業在內的各種經濟形式去組織生產，並且進行種種的交易，才能彰顯市場，呈現市場，或使市場活靈活現的表現出來。

當我們看到一個企業在考慮到底是自己製造某種或某些零配件，或是從市場上去購買時；我們如果依循前述二分法的思維，會認為這個企業正在市場和組織之間做選擇。其實，當一個企業決定從市場上去購買零配件的時候，它也是透過其相關的社會脈絡或網絡去找到賣主，從而購買到零配件；這個企業和市場之間通過社會脈絡和網絡是連在一起的；亦即，市場是企業這個組織透過社會網絡和脈絡找到的；市場並沒有脫離組織。

通過以上的說明，我們可以這麼說，從分析的角度來看，我們可以將市場和（企業）組織看成是兩種不同的經濟形式，但不能只停留在這樣的水平上，我們還必須指出，市場和（企業）組織不只是兩種不同的經濟形式，更是兩種互為依托和互為鑲嵌的經濟形式。交易成本理論會告訴我們，一個企業考慮到底是自己製造配件或至市場去購買，這是從交易成本的考量作為依據的；

63

不過，如果我們把企業組織和市場都視為一種社會現象或社會機制或社會實體，那麼，我們應該說，企業是從交易的社會成本來考量，並且作出選擇的；買賣交易的過程，是一個社會過程，在買賣過程的相關各造到底誰能獲利、能不能獲利、能獲利多少或多大，這基本上是受到買賣過程中牽扯的各造所交纏擠壓出來的社會脈絡和網絡的制約，誰能獲利、獲利多少或多大，是透過上述這樣的社會脈絡和網絡所擠壓出來的分寸或氛圍來決定的。

在此，我們要特別指出的是，我們並沒有要凸顯一種社會脈絡或網絡決定論的看法；就如上述，我們要強調的是，社會脈絡和網絡制約我們，但同時使動我們，而在我們被使動的同時，我們還是有主體能動性；亦即，我們還是可以通過我們的人格、個性或習性來表現出與別人不同而被「使動」的形式。這也就是說，當我們鑲嵌在社會脈絡或網絡的同時，我們是通過我們的人格、個性或習性去鑲嵌在社會網絡或脈絡中。

我們經常很容易通過各形各色的經濟理論，把市場看成是一個非人格化的經濟關係，這種看法基本上是將市場視為看不見的手的看法的延伸。持這種看法者會指出，在買賣交易時，相關的雙方或各造可以或甚至根本無須知道對方的身分，他們的關係隨著買賣交易關係的結束而中止。❺這種看法，基本上是似是而非的。首先，買賣交易是透過企業或個人（體）鑲嵌在社會網絡或脈絡中來實現的，這已經毋須贅述。再而，在此要特別強調的是，買賣交易雙方是具有透過社會網絡或脈絡擠壓出來的身分認同的，我會注意去買什麼東西，或買什麼樣式，什麼品牌，什麼價

位的東西，這基本上和我的社會身分認同，或我對自己角色或實力的認定是有關的；此外，還跟我的個性、習性或人格傾向相關。市場關係既是一個社會性的經濟關係，又是一個人格化的社會性的經濟關係。

　　交易成本經濟學已經關注市場或組織之間相互轉化的問題；❻雖然，如上述，其中存在將市場和組織二分的設定，但是，也透露出一個信息：市場和組織是人們經濟實踐的形式，它們之間之所以可以相互轉化，乃因人們的交易成本的考量選擇，而這樣的考量選擇是人的經濟實踐，或逕直地說，是人的生活實踐；因此，我們可以說，是人的生活實踐促成了市場和組織可以相互轉化，市場和組織被融進了人的生活實踐中，它們是人的生活實踐過程中的兩種不同的經濟形式。不過，在此，我們要強調的是，所謂市場和組織的相互轉化，其實並不是如交易成本理論所說的，因為交易成本的考慮，企業或個人（體）會在不同的考量下，選擇市場或組織；因為，當企業或個人（體）選擇市場時，其實是依托著組織或社會脈絡或網絡來進行的，而當企業或個人（體）選擇組織時，其實仍然依托著作為一種社會網絡或機制來進行的。

四、對「經濟理性」的反思：生活理性

　　從經濟主義的角度把企業視為經濟體，從而認為企業會去賺取利潤和拼搏市場等等，這是將個人（體）視為理性的經濟人（個體）的延伸。這種經濟主義經常會導引人們自覺或不自覺地認為，個人（體）或企業會追求利益的最大化或交易成本的最小化，而

個人（體）或企業的行為是遵守為了這些追求的效率原則來進行的。這種觀點其實是啟蒙以來，在強調去神化的情況下頗具諷刺意味的一種神話的建構。這種神話的建構，通過強調個人（體）是理性的而獲得正當性，並且逐步深入人心，甚至成為相當多數人共享的知識。所謂對利益最大化或交易成本最小化的追求，這或許是神或上帝才做得到的事，因為什麼算是利益，什麼是交易成本，怎樣才是最大化或最小化，這不是可以透過固定或唯一的標準來定義和確認的；這些標準是浮動的，相對的，甚至是模糊的；或者說個人（體）根本找不出什麼標準可以去定義和確認上述那些問題。利益、交易成本、最大化和最小化，這些都是複雜的社會性問題，不可能透過個人（體）去進行清晰、明確甚至是固定的定義、認知或確認。認為個人（體）可以清晰明確的認知和確認利益，並且將其極大化，這當然有凸顯人的主體能動性的意涵在內，具有勵志或鼓舞人心的作用，而當這種觀點可以勵志或鼓舞人心，讓人們相信個人（體）可以當家作主去追求利益最大化時，其實它已經成為一種意識型態；而當它強調人具有清晰明確的理性能力可以追求利益的最大化時，就已經將人再度神化了，因為這種追求利益最大化的理想境界，其實已經是一種超凡入聖的境界了。在此，我們要強調的是，經濟學特別是古典經濟學是一種以不同於宗教語言的方式來表現的神話；這樣的神話迄今仍然在經濟學的發展過程中，以不同的論述方式被表現和延續下來。

不過，古典經濟學那種非常浪漫甚至有點極端的以「充分理

性」設定為基礎的經濟學神話的建構，在經濟學或相關知識發展的過程中也不斷遭到反思，其中最引人注目的是「有限制的理性」(bounded rationality) 這個概念的提出。❼「有限制的理性」顧名思義指的是人的理性是會受限制的，從而是有限的；而之所以如此，是因為人的生活或生命的現實是人無法獲得充分豐富的信息，而且人的信息加工能力是受到限制的。因此，「有限制的理性」這個概念的提出，相對地比較能夠導引人們回到生活或生命的現實之中。的確，人在現實生活或生命中，透過鑲嵌在社會網絡或脈絡中，基本上是受到形形色色的制約的，從而使得人們和許多人事物之間隔了好幾層；況且，就算我們能直接面對許多人事物，我們仍然要面對信息不對稱的問題。因為互動的對方，他可以隱瞞我們許多信息或事情；至於事和物，基本上也都和人牽扯在一起，就算事和物沒有和當下的人牽扯在一起，它們也和社會網絡或脈絡甚至過去的歷史牽扯在一起，這些社會網絡或脈絡照樣也可以讓事或物和我們隔了好幾層，亦即我們仍然要面對信息不對稱的問題。

　　以上有關人的現實生活或生命的有限性或侷限性的說明或描述，其實只能算是輕描淡寫。我們人的生活和生命是一個受限制的存在，這是我們必須面對的現實；但是，我們仍然必須在這種受限制的情況下進行有關生活或生存的籌劃，並且試圖繼續按理性行事；在此，我們要說的是，這樣情況下的理性，與其說是「有限制的理性」，倒不如直接說是生活理性。生活是一個不間斷的過程，它不是一個個客體，可以被挑出來並且被關注，❽我們生活

著，並且要通過包括所謂理性的生存能力去進行籌劃，繼續活著；亦即，因為我們生活著，所以我們有生活或生存能力，或者說，我們有生活理性；然而，反過來，我們的生存或生活的籌劃能力，或者說生活理性，使我們繼續生活著。生活必須繼續下去，這是非常莊嚴的，而生活如何繼續下去，是植基於我們的現實生活，亦即我們日常的生活世界。❾

在此我們願意舉一些例子來幫助對上述這些說明或論述的瞭解。我們看到許多由於戰亂所導致的逃難的新聞報導或文學作品中，在逃難時，許多父母親或許特別是母親，他們仍然會設法考慮跟著逃難的孩子們的下一餐，如何能夠讓他們繼續有東西吃，而不管他們自己會不會餓死，或在戰火中喪生，或會不會遭到另一波無情的屠殺。❿ 在這種情況下，人的生活和生命隨時都可能會結束，可是，這些父母親和這些跟著逃難的小孩，仍然努力地在「堅持」，生活和生命必須繼續下去。此外，我們也經常看到一些非常貧困的家庭，可能是父親或母親或其中一個小孩因病長期臥在病榻，其他人在設法照顧病人的同時，仍然必須去工作，或者仍然必須餵養孩子或弟妹，幫他們洗澡，哄他們睡覺，甚至送他們去上學，然後再趕著去工作，去張羅一些事情，好讓一家人的生活仍然可以繼續下去。⓫

生活必須繼續下去，就如前述，是非常莊嚴的；而如何讓生活繼續下去的生活理性，則是非常神聖的。我們的日常生活就是充滿了各種限制，各種無常，各種悲歡離合，各種喜怒哀樂，這些是我們生命之所繫，也是我們所依托和停泊之處，它比什麼都

重要，也比什麼都真實；因此，承認人是有限的、受限制的或人的理性是有限的、會受限制的，這其實才算有誠意去面對我們人自己；我們不需要陶醉在所謂人是有充分理性的存在這種神話中，而反過來則必須回歸日常生活，安住在日常生活中，並且認識別人的理性是受限制的這樣的現實，從而去感受到這種受限制的生活理性的莊嚴和神聖性。

　　我們經常勸別人說：只要盡力就好，不必太計較得失或成敗。這基本上是從生活理性的邏輯去進行勸說；是相當符合我們生活的現實的。此外，我們也常常聽說：謀事在人，成事在天。這樣的話語也是在道出人的生活理性是有限的，但人在每時每刻或任何狀況下，卻可以盡其所能生活下去，就算無計可施，也是在盡其所能之下的無奈的結果。人不可能像神或上帝般，可以得到充分的訊息，並且運用充分的理性去對訊息進行完整的加工，同時或者然後作出選擇或行動；但人卻可以在處處受限的情況下，盡其所能繼續活著，這是人的可貴之處。經濟學理論中有關「有限制的理性」的論述中，指出人在信息不對稱或不充分的情況下，儘管對信息加工的能力有限，但卻仍然努力地作出選擇，這其實也是在道出：人生活雖然處處受限，但卻要努力地繼續活著。

　　不過時間、空間、社會網絡或脈絡對於我們一方面當然是制約、是限制；但另一方面如上述是在「使動」我們，或者換句話說，是我們的依托，我們的槓桿，我們的機緣或我們的機會。我們如果要比較化約或簡單地說，我們的生活是努力（或盡其所能）或機緣或機會的綜合體。不管是努力（或盡其所能）或機緣或機

會，基本上都是植基於我們的日常生活。成也好敗也好，獲利也好虧損也好，得也好失也好，基本上都是我們的日常生活，或者說，都是我們在繼續活著的展現。這時候的成功，可能是另一個時候失敗的根源，我們的得可能是別人的失，禍福相倚，得失相倚，有失有得，你得我失，我得你失，這在在都是我們日常生活的寫照。機緣或機會，不管是巧合或是偶然或者可以稱為命運，基本上講的是，人的生命或生活受到限制這樣的現實。我們的生活和生命一方面受到限制，但另一方面通過種種的限制或制約，獲得這個或那個機緣或機會，人的生活和生命的戲劇性或浪漫性，由此展現出來。

五、對效率、效益、正當性的思考

我們現在把討論的話題轉到另一個方向。在經濟學以及相關理論的討論中，都以效率原則和正當性原則作為描述性評估企業組織的選擇和行為的理論邏輯。效率原則強調的是以理性選擇為基礎，而以追求效率，達到利益最大化為目標。❷而正當性原則則以所做的選擇或行為是否合於規範，合於制度，是否能夠被人所接受為基礎。而這兩個原則，在企業組織的不同發展階段中，會出現相互轉化的現象。在經濟學和相關理論的論述中，很容易將效率原則和正當性原則看成是兩個相互競爭的理論邏輯。❸在此，要特別提出的是，對效率的強調，就企業組織而言，可能是為了使其決策選擇或行為被視為是正當的；而反過來說，對正當性的強調，就企業組織而言，可能使其決策選擇或行為在被視為

正當的同時，能夠促進對效率的追求。因此，效率原則和正當性原則是兩個可以相互為用，互相依托的邏輯，而不只是兩種相互競爭的理論邏輯。明乎此，我們還要進一步延伸強調的是，對市場的強調，或拼搏市場，對企業組織而言，是可以被轉成企業組織的決策行為具有正當性的基礎的；亦即，對市場的強調，或拼搏市場不只是為了使企業組織的決策行為更具有效率，而是更具有正當性。

在現實世界中，我們經常看到包括企業在內的各種組織或單位，會通過模仿其他組織或單位被視為成功或不錯的制度或措施或解決問題的方法，將它們移植過來，套用在自己的組織或單位上。這樣做，當然是為了使決策、選擇、行為被視為具有正當性；這種正當性是建立在移植或套用了被視為成功或不錯的制度、措施或解決問題的基礎之上的。其實就個人（體）而言，我們也經常通過效法、模仿或崇拜所謂偶像、英雄、成功人物或偉人的行徑，來使自己的未來選擇行為具有正當性。以上這些說明分析，其實可以初步解釋，為何企管或相關的書，或有關名人、成功人士或偉人的書，會持續不斷的受到各種注意和喜愛的原因。

當然，通過模仿效法其他組織、單位或名人、成功人士的制度、措施、解決問題的方法或行徑，雖然可能使自己的選擇行為具有正當性，但卻容易讓人忽略或取消個人（體）或企業組織或各種單位組織彼此之間的差異性。為什麼彼此具有獨特性和差異性，組織或個人（體）卻經常會或持續會去模仿效法其他組織或個人（體）的制度、措施和行徑；除了前面的正當性的解釋之外，

我們還要提出的是，組織或個人（體）可能需要透過模仿效法別人或他者，來不斷認識或建構自己。以別人或他者為師，基本上是為了自己，使自己的行徑行為具有正當性或意義，這是組織或個人（體）一種社會化的過程，在這個過程中，組織或個人（體）通過他者來證成自己。

但是每個企業組織或個人（體）繼續面臨的情況和問題都不一樣，通過效法其他組織或個人（體）的制度、措施或行徑，基本上會失效或失去實用性，或者說，可能根本就無濟於事。這可能可以進一步解釋，為何許多企管或相關的書，甚至有關名人或成功人士的書，會如走馬燈式的曇花一現的原因。

不管我們是從效率原則或正當性原則去看企業組織，效率標準如何定、如何形成；或什麼樣的制度、決策或選擇行為會被接受，這中間其實都涉及到說服和接受的問題，而與這些問題相關連的是權力的問題；企業組織內部是通過權力來運作的，而企業組織通過社會網絡和脈絡去拼搏市場，爭取顧客或賺取利潤，這樣的過程涉及到企業組織間的合縱連橫，資源的分配或默契共識的形成以及種種的競爭和合作，它是一個展現權力的過程。市場主義經濟學，強調經濟活動是通過看不見的手，亦即市場來協調形成的，因此與人際間、企業組織間或個人（體）間的合縱連橫，資源原料的分配或爭奪等無關，或者說是與權力無涉。❶④ 經濟學的博弈論已經觸及博弈者之間的拼搏算計的問題，但它所關心的是博弈者如何影響價格或市場能力的問題。而經濟學中的委託代理理論則因為注重信息不對稱的問題，而強調委託者或代理者的

加工處理信息能力。❻對價格或市場的影響，或對信息爭奪和加工處理，這些都是一種權力的展現，或者說是在權力之流中進行的；基於以上的分析，我們在此要提出的是，企業組織是一個權力實體。雇主、企業主與職工之間，或職工之間或管理階層與職工之間，企業與原料供應商，企業與行銷商之間，或同行之間，基本上都涉及權益、責任、義務、利害的討價還價的問題，從而也就是一種權力關係；因此，企業組織運行的過程也就是一種權力展現的政治過程。❻其實，企業組織或個人（體）鑲嵌在社會脈絡或網絡中，是要不斷通過彼此的討價還價、合縱連橫或競爭合作的過程，來確認彼此在社會脈絡或網絡中的位置或進行資源利益的分配。企業組織或個人（體）的生存或生活所面臨的現實，不只是受社會脈絡或網絡的制約，而且還受權力流的制約。關於企業組織作為一種政治權力實體，最常被舉的例子是，二十世紀八十年代中期 IBM 有關「發展個人電腦」或「大型電腦」的決策選擇的例子，由於和「大型電腦」相牽扯或糾葛的力量的影響力；使得 IBM 做出被許多人或 IBM 自己本身後來都視為「錯誤」的選擇，決定發展大型電腦。❼其實包括企業在內的各式組織，對於什麼算是最有效益的，或最有效率的以及怎樣算是正當的，經常都不是通過所謂客觀的標準或判準來決定的，而是通過組織內外的權力運作來決定的。

六、對「企業組織」操作的思考

企業組織作為一種權力實體，通過企業組織內外的權力運作

與糾葛，更加可以凸顯企業組織各自的獨特性和由此延伸出來的彼此的差異性。因此，我們在此要再重申一次，我們無法透過模仿或效法其他企業組織的制度、措施或方法來解決企業組織的問題；此外，我們要特別強調的是，我們也無法透過理論、通則或模型來推衍或演繹去解釋或理解企業組織；每個企業組織都是獨特的，而不同時候或不同狀況，企業組織所面臨的問題都是獨特的，或講通俗點，都是新的。因此，當我們面對企業組織的問題時，不必急著把已有的理論、模式或經驗往上套，這很容易陷入獨斷或削足適履的尷尬困境中；我們雖然無法完全拋掉已有的理論、模式或經驗，但至少在開始的階段應該先將它們放入括號，擱置起來，並且讓自己能夠去正視企業組織的問題的獨特性。因此，我們在研究企業組織時，基本上都是在做個案研究，而在這種個案研究中，我們自身不是問卷或其他數學統計工具，而是資料收集的主力，透過我們自身去收集的資料，主要是通過包括訪談在內的質化研究的過程所獲得的資料，這種資料是一種以具體的、會討價還價、會坦誠表白、會隱瞞或誇張的活生生的以人為本為中心的資料，它們可以稱為一種具有人性意涵的軟資料。❸

此外，就如前述，企業組織鑲嵌於社會網絡或脈絡之中，而且企業組織本身就構成一種大小不等的社會網絡或脈絡；因此，我們在面對企業組織的問題時，必須有整體觀或整體思維，不能把問題進行切割，或進行化約，從而連帶地也將企業組織進行切割，然後認為出問題的只是企業組織的某個部分，只要像手術房將出問題的部分加以切割，就算解決問題。在整體思維導引下，

我們應該將問題放入企業組織的總體系統中來看，甚至必要時還要把問題放入更大的社會脈絡和網絡來看。❶再而，不管企業組織是作為一種社會實體或作為一種政治權力實體，它們都是一種動態而非靜態的實體。企業組織昨天發生的問題，今天或明天或更長的時間，其內涵和複雜性都會一直變化；因此，面對企業組織的問題，絕不能以過去為導向，認為解決企業組織昨天所發生的問題，就是在解決企業組織迄至昨天為止所犯的錯誤；反過來，我們必須以未來為導向，並且認識到，幫企業組織解決問題，是使其能迎向未來，能揭櫫新的目標，籌劃出在此目標導引下的具體行動綱領，甚至能依此行動綱領去行動實踐；由於企業組織是動態的實體，我們更應認識到，我們針對企業組織問題所提出的以未來為導向的解決方案，不可能是一勞永逸的，我們應該讓這種解決方案具有因應變動而進行彈性調整的機制和可能性。❷

　　企業組織除了是一種經濟實體、社會實體和政治權力實體外，更是一種文化實體。而作為一種文化實體的企業組織，它更是一個文本。企業組織如同現實世界或我們生活世界的東西一樣，基本上都是通過語言文字符號呈現在我們面前的。企業組織要呈現什麼面貌、什麼特徵或特性，或要予人什麼印象或形象；或者，轉過來說，我們如果去認知評價企業組織，或是如何去接收來自企業組織的信息，基本上都是通過語言文字符號。企業組織和我們每一個人一樣都鑲嵌在語言文字符號之中，或者說，都住在或活在語言文字符號之中。語言文字符號和我們的日常生活世界是互相交錯交織，是不可能分得開的；或者，我們可以逕直地說，

兩者是二而一，一而二的。當我們通過語言文字符號去論述、描述或講述有關我們的現實世界或生活世界的故事，其實我們就在建構這個世界或認知確認這個世界，我們住在或活在或鑲嵌在一個語言文字符號所表現所完成所呈現的現實世界中。**㉑**

企業組織不管在其創立之初，或不斷發展演變的過程中，都必須不斷去認知評估其在同行的社會脈絡和網絡的位置和角色；而在這麼做時，企業組織其實在做一種系譜學的建構工作，即重新去釐清通行同領域或甚至相關行業領域的發展脈絡或網絡，不只賦予這個發展脈絡或網絡的時間序列，而且還賦予這個發展脈絡或網絡的總體系統的框架，或甚至賦予其中每個個別企業的歷史角色，從而反身過來賦予自己的企業組織歷史角色，並對自己的企業組織進行定位。在這個系譜學的建構過程中，基本上都是通過語言文字符號來進行的。企業組織要確立什麼樣的效率標準，什麼樣的正當性基礎，基本上也都是透過語言文字符號來完成的；甚至企業組織所生產的產品，要行銷出去賣出去，基本上也要通過語言文字符號；再講白一點，每一樣產品都是一種符碼，不管標榜其實用性、美觀性或未來性，基本上都是通過語言文字符號來呈現和傳遞的；從這個角度觀之，我們可以說，產品的價值基本上是一種符碼價值，是通過語言文字符號來表述的價值。我們不是否認產品作為一種實體而存在，而是在強調，這樣的實體的內涵和意義，必須通過語言文字符號來呈現；如果不通過語言文字符號，就算它是一個實體，也變成是非常空洞的東西；亦即，產品要作為什麼樣的實體，是要通過語言文字符號來表述的，而

經過這樣表述的產品，它們本身可以是一個個的故事，通過這些表述的故事，去創造產品的價值。

其實，如果我們要再追究下去，市場本身，也是一種符碼，也是通過語言文字符號來表述的。如前述，古典經濟學告訴我們，市場是看不見的手，起著協調我們經濟活動的作用，這是一種故事，通過這個故事，近代經濟學的發展揭開了序幕。我們在此要表示的是，與其說市場是看不見的手，倒不如說市場是一個想像的共同體，儘管這種共同體的變動性可能很大。市場在哪裡，包括哪些可能的對象，這都是通過語言文字符號去算計、評估或講述出來的。這些算計、評估或講述，基本上其實都是不同形式的想像。特別是當我們要去創造市場、拓展市場時，不管是通過各種網絡或脈絡都好，基本上都必須通過語言文字符號，去激發想像，或去打動顧客，讓對方願意在利益層面上，美學層面上，自我追尋層面上等與我們形成共鳴。

在創造開拓尋求市場的過程中，不管是講求利益、好處、美感、大方、高貴、實用、氣質、未來性、新奇等，基本上都是在創造種種的符碼，而透過這些符號的建構去讓人覺得或認為，他們可以得到利益、好處，或變得美麗大方有氣質，或生活會更加便利、舒適等，換句話說，讓每個人都感受到他們可以通過這個或那個的產品去展現各自的主體性，讓自己成為主體，或去定位確認或建構自己；在這樣的過程中，各色各樣的人被徵召進入了環繞產品的符碼建構的氛圍或框架中，成為一個個流動形式的共同體或社群。沒有語言文字符號，以及由其所延伸而來的符碼建

構，就沒有價值，或就沒有市場存在的可能性。如前述，市場鑲
嵌在社會網絡或脈絡中；在此，我們要進一步指出，市場是鑲嵌
在通過語言文字符號所表述所完成所建構的社會網絡和脈絡之
中；抽離語言文字符號，就沒有意義內涵，沒有想像，從而也就
沒有價值，進一步也就沒有市場。產品被賦予意義內涵，成為種
種的符碼，產生種種的價值，讓人從中取得利益、利潤、美感、
想像，並且認為自己已經成為主體，這時產品已經成為一種意識
型態，市場操作則成了意識型態操作的過程；再而，通過市場操
作，創造了環繞種種符碼的具有流動性的共同體或社群的一環；
企業組織是通過市場操作所創造出來的想像共同體或社群的一
環，而如果它沒有辦法成為如此，那表示企業組織可能陷入危機
或出現問題。

註　釋

❶　周雪光，《組織社會學十講》，北京：社會科學文獻出版社，2003 年
　　12 月，頁 36–37。

❷　同上註。並另請參閱 Williamson, Oliver E., *Markets and
　　Hierarchies*, New York: Free Press, 1975.

❸　同❶，頁 118。並另請參閱 White, Harrison, "Where Do Markets
　　Come From?" *American Journal of Sociology* 87, pp. 514–547.

❹　同❶，頁 34。

❺　同上註，頁 39。

❻ 同上註，頁 45–46。

❼ 同上註，頁 35。另請參閱 Wiliamson, Oliver E, op. cit..

❽ 唐・庫比特 (Don Cupitt) 著，王志成，朱彩虹譯，《生活——一種
正在來臨的生活宗教》(*Life Life: An Emerging Religion of Life*)，北
京：宗教文化出版社，頁 146。

❾ 同上註，頁 68–69。

❿ 同上註，頁 66–67。

⓫ 同上註，頁 66–67。

⓬ 同❶，頁 92。

⓭ 同上註，頁 92–93。

⓮ 同上註，頁 226。

⓯ 同上註。

⓰ 同上註，頁 166–167。

⓱ 同上註，頁 167。

⓲ 杰拉爾德・納德勒 (Gerald Nadler)、威廉・J・錢登 (William J.
Chamdon) 著，魏青江譯，《提問的藝術：正確解決問題，從提問
開始》(*Smart Question: Learn to Ask the Right Question for Powerful
Results*)，2005 年 9 月，頁 14, 23–24。

⓳ 同上註，頁 13, 28。

⓴ 同上註，頁 33–34。

㉑ 同❽，頁 104–105。

一、　對意識型態內涵的研究

「意識型態」是二十世紀被使用得最頻繁的名辭或範疇之一。至於其意義內涵為何，雖然我們隱約間好像可以說點什麼，但卻沒有把握很肯定地說它是什麼。不同立場、觀點亦即不同的症候就會賦予它不同的，甚至是完全相反的意義內涵。作為一個名辭或範疇，「意識型態」就已經夠惱人了，而如果作為一種現象或機制，那麼「意識型態」就更加惱人了。

不過，儘管有關「意識型態」的意義內涵的說明或定義，呈現「言人人殊」的景觀；❶但是，從修辭學的角度來看，其實在「言人人殊」的背後，形成了一個「語辭家族」的現象，這些語辭包括觀念、信念、教條、學說、理論、神話、烏托邦、價值、意見、世界觀、哲學等。❷有關「意識型態」意義內涵的說明或定義，基本上都是這些語辭家族中語辭的交叉重組。❸而在這些相關語辭的交叉重組的過程中，體現了二十世紀以來人類思想演變發展的豐富性與複雜性。

「意識型態」作為一個名辭或範疇，它在被定義和說明的同時，既然體現了定義和說明者的不同症候，所以我們在面對各種甚至完全不同的有關「意識型態」的定義和說明時，我們必須對其進行症候解讀，揭櫫定義或說明背後的症候。而當我們對有關

「意識型態」的定義和說明進行症候解讀時，我們可以進一步發現，對「意識型態」的定義和說明本身，既是一種症候的表現，同時也是非常意識型態化的；因為種種的定義和說明，是自覺或不自覺地以種種或甚至是不同的觀點、立場、和信念等可統稱為症候的東西為基礎來進行的。

此外，既然有關「意識型態」的定義和說明，展現了不同觀點、立場的比較和爭鋒；那麼，從其中我們已經很清楚的看到，所謂的知識，其實並沒有絕對的正確或不正確，我們之所以接受某種有關意識型態的定義和說明，表示我們接受了這些定義和說明背後的症候。而某種定義和說明之所以能被人或較多人所接受，這其中是通過與其他種類的定義和說明的比較和爭鋒來實現的，亦即涉及到有關「意識型態」定義主導權的競逐或爭奪，這講白點，也是一種權力爭奪的表現；知識本身就是權力展現的結果，或逕直地講，知識就是權力，這樣的論斷，對於有關「意識型態」的定義和說明的競逐是非常貼切的；亦即，有關「意識型態」的定義和說明，展現為一種知識／權力交織滲透的現象。

不過，在有關「意識型態」的定義和說明中，從上述有關「語辭家族」來看，絕大多數是將意識型態視為一套概念或理念系統。這樣對意識型態的認知，基本上忽略掉一件事情，即有關「意識型態」的定義和說明的競逐過程中，除了牽扯到各種學術理論途徑的爭鋒外，甚至還牽扯到各種政治、文化力量的糾葛；因此，其本身不只是所謂單純的學術現象，還是一種政治和社會歷史現象；或者，我們還可以說，還牽扯到包括政治、文化、社會機制

的交纏；在這樣情況下所建構定義的意識型態，絕不會只是所謂概念或理念的組合或複合系統。亦即，光是從「意識型態」被定義和說明這件事來看，意識型態絕不是一種所謂的純粹的知識系統，而更是一種實踐系統，它包含了概念或範疇的使用，以及在這些「使用」背後的各種力量和機制。當我們在定義和說明何謂「意識型態」時，我們也正在實踐這種或那種的意識型態。

再而，儘管如前述，大多數將意識型態視為一套概念或信念系統；但是，如果我們更細的去看看這些定義和說明，不管說意識型態是一個社會的信仰和價值，或特定集團或階級的世界觀，或維護統治集團的扭曲性的欺騙性的話語等不一而足，❹我們可以發現，這些定義和說明，其實還是關係到社會、集團、階級等的實踐，作為一套概念或信念系統，基本上都是在體現社會、集團、或階級的政治或社會實踐。亦即，從這些林林總總的定義和說明中，其實已經指出一個可能連定義或說明者本身都不自覺的事情：意識型態是人或社會或集團或階級通過語言文字符號或概念範疇的使用所進行的政治社會或生活實踐，而其具體的結果就是建構提供了一套信仰、價值、話語，以便讓人活在其中，並繼續開展包括思維和種種行動和行為的實踐。意識型態是一種實踐，一種通過語言文字符號進行政治、社會、文化或甚至是對自我的建構的實踐。不管是個人、社會、集團或階級的種種實踐，都必須依托並通過語言文字符號，才會成為可能；而且，這種實踐是一種賦意的或意義建構的或甚至是獲得意義的實踐。我是誰，我到底歸屬哪個群體，我和周遭世界的關係為何，周遭世界到底是

什麼樣貌，我到底如何在周遭世界自處或生存生活下去等這些問題，都在在需要通過賦意、意義建構或是意義的獲得作為中介，才能獲得回答；而賦意、意義建構或是意義的獲得則必須通過語言文字符號作為中介。

Raymond Geuss 在其《批判理論的理念》一書中，曾經依人對意識型態的態度差異，將意識型態分成描述性的、貶義性的和褒義性的意識型態。❺所謂描述性的意識型態，指的是把「意識型態」當作是一種社會結構和功能，只著重去描述它，而不去論斷它的真假對錯好壞。❻從這種角度去看意識型態，也被稱為是從中立的角度去認知意識型態。這種角度觀照下的意識型態，首先可能是被當作是一種客觀的現象、結構，從而可以被中立的加以描述和認識；亦即，意識型態被視為一種可以被客觀加以認識的對象。其次，意識型態也可能被當成是支撐人的生命生活的信仰和價值系統，或是使人的生命生活成為可能的一種文化載體。

上述這種角度去觀照意識型態，並把意識型態當成是可以被客觀認識的對象，這是從客觀主義知識論的角度去看意識型態的表現。而如果把意識型態當成是支撐人的生命生活的價值信仰系統，或是文化載體；這可能是把意識型態當成是生活體驗的背景或載體，從而可以進一步把意識型態當成是人生活體驗的對象。不管是把意識型態當成是認識的對象或生活體驗的背景或載體或對象，基本上都先設定了意識型態與人之間的二元對立的主／客關係。我們在此要首先指出的是，意識型態是人去面對自我，面對周遭世界的過濾器，它是人的生命生活之所繫，或者說，我們

不只是生活於其中，而是和它融合在一起。亦即，它不只是我們體驗的對象，或是體驗的場所或載體，逕直的講，它就是我們的生命和生活，或者說它使我們生命和生活成為有意義。意識型態是我們生命和生活的家。這種家是通過語言文字符號來表現的意義系統，這個意義系統提供我們種種的過濾器，讓我們能夠去認識去體驗，去生活在周遭世界之中。總之，意識型態既不是我們認識的對象，也不是被體驗的對象，而是人的生命生活體驗本身，或是賦予人的生命生活體驗意義的系統，它甚至內化成為人的視角、過濾器和症候。

　　上述這種所謂中立描述的意識型態觀，其實已經點出了一件事情：意識型態是作為一種通過語言文字符號所呈現出來的價值信仰系統或文化現象，或者說一種實踐系統。只不過是，這種意識型態觀認為，我們可以中立或中性的去描述意識型態，這是某種科學主義或實證主義的觀點；這種觀點的問題出在：認為我們可以無偏見地、無主觀判斷地去面對和認知意識型態。這等於設定人是活在真空或虛無之中。人不可能毫無偏見、不在自己種種症候制約使動下去面對世界；說白點，認為我們可以中立或中性的去描述認知意識型態，這也是一種先入之見，或一種偏見，或一種症候。

　　從貶義的角度去看待意識型態，基本上是對意識型態持批判的態度，馬克思以及受馬克思思想影響頗深的法蘭克福學派是這種意識型態觀的主要代表。❼這種批判性的意識型態，基本上主要在揭露意識型態對於現實的扭曲，以及由此所延伸出來的對虛

85

假意識的形塑。在這種批判的背後，已經揭露指出，意識型態在所謂「扭曲」現實以及形塑虛假意識的同時，是對現實和個別或集體意識的建構；而且通過這種建構，意識型態可以去維護某些特定集團或階級的利益。亦即，在批判意識型態的同時，已經凸顯了意識型態本身就是對社會和意識的建構，而且，通過這種建構形塑了這樣或那樣的現實，儘管這種現實，被視為是為了維護某些特定集團或階級的利益。此外，這種批判本身也指出，意識型態在維護某些特定集團或階級利益的同時，其實，它已經成為維繫社會階層分化或某種秩序的一環；或者說，它已經成為社會能不斷再被生產從而繼續延續下來的一環。

至於從褒義或肯定去看待意識型態，主要以列寧主義為代表。❽雖然這種意識型態觀，與第二種意識型態的貶義或否定性的角度或態度不同；但是，其實對於凸顯意識型態對社會和意識的建構則是一樣的。列寧主義強調，建立工人階級或革命階級的意識型態的重要性；列寧主義認為，建立工人階級或革命階級的意識型態，基本上就可以讓工人或革命階級展現巨大的革命實踐力量。通過意識型態的建立和運作，工人或革命階級可以對周遭世界和處境進行認識；亦即，通過意識型態的建立和運作，工人或革命階級才能「正確地」去認識周遭世界和自己的處境；意識型態接連了工人或革命階級和周遭世界，並且讓工人或革命階級能夠進行革命實踐；意識型態不只是建構了工人或革命階級的思想體系，而且本身就是革命實踐的一環。

通過分析論述以上三種意識型態觀，我們可以發現，第一種

意識型態觀，基本上把意識型態（不管是作為一套觀念或信念系統或一種社會文化現象）當作是可以客觀認識描述的對象；尤其是，如果這種意識型態觀側重把意識型態當作是一套觀念、信念系統時，意識型態就有可能被當作某種型態的知識，從而也被當成分析認識的對象。我們可以將此種對待意識型態的途徑，稱為認識論的途徑，只不過，這種認識論的途徑，是受客觀主義制約的途徑，承認一個等著被認識的客觀對象世界的存在。

此外，當這種途徑把意識型態當作是一套觀念、信念系統，或甚至是一套知識系統時，很容易陷入抽象的分析中；因為這種分析，會抽掉社會脈絡，無法正視意識型態就算作為一套觀念系統或知識系統，它也是存在於社會之中，成為一種社會現象或社會機制，並鑲嵌在社會脈絡之中。而且，這種認識論的途徑，很容易將我們和意識型態之間的關係，看成是純粹的認識和被認識的關係，從而忽略掉我們和意識型態的關係，絕不是抽象的一對一的關係，而是一種社會關係，鑲嵌在社會脈絡中，亦即，當我們要研究某種意識型態時，其實我們就和它形成一種社會關係，並且進入到意識型態所牽扯糾葛的社會脈絡之中。

馬克思意識型態觀，基本上把意識型態當作是一種社會現象或社會文化現象。亦即，馬克思揭櫫了對意識型態的社會學的研究途徑。在這種社會學研究途徑的觀照下，意識型態就不只作為一套純粹的觀念系統或知識系統，而且還牽扯或捲入社會階級或集團之間利益拚搏的過程或關係中，意識型態在這種過程或關係中，不只展現為一種機制，而且轉換成具體的建構社會或意識的

力量。亦即，就某些社會階級或集團而言，意識型態的建構或運作，是一種通過語言文字符號來進行的社會政治實踐，在這種實踐中，意識型態轉換為一種機制，一種權力，並且成為賦予這些階級或集團的某種正當性的符號資本。

馬克思的意識型態觀，基本上是從批判的社會學途徑去看意識型態，對於我們理解意識型態有相當程度的幫助。不過，儘管如馬克思所認為的，意識型態的建構和運作，會對現實進行扭曲，並且維護某些社會階級或集團的利益；但是，在馬克思這樣的批評中，也讓我們看到，意識型態也相對「成功」的去維護某些集團或階級的利益或甚至對現實進行扭曲；在對現實的所謂扭曲中，也許也正意謂著意識型態建構提供了一套「現實」，以便作為一般人認知其與周遭世界的憑藉，從而甚至讓他們生活在這套被建構的「現實」之中。馬克思沒有進一步回答，為何人們或某些人、集團或階級可以「成功的」建構意識型態。其實，就如上述，人要進行生活實踐，人是需要意識型態的，意識型態不會是必要的惡或必要的善，它是人的生命生活之所繫，它是我們存在的家。馬克思的批判社會學途徑，沒有辦法進一步幫我們回答，為何人需要意識型態，或者說為何意識型態會成為我們存在的家，我們為何會在意識型態中安身立命。

二、阿爾都塞的意識型態論述

阿爾都塞 (Louis Althusser) 不只延續發展了馬克思對意識型態的社會學途徑的分析，而且還開拓了從心理學途徑去觀照研究

意識型態的方向。阿爾都塞的心理學途徑基本上嘗試回答了上述人為何需要意識型態的問題。不過，阿爾都塞基本上是先經過社會學途徑的洗禮，然後再進入心理學的途徑；因此，我們可以說，他所開拓的心理學途徑基本上還是依托在社會學的基礎上。在此，要特別強調的是，一種心理現象同時也是一種社會現象，而反過來說，一種社會現象同時也是一種心理現象，抽離社會向度所看到的心理現象，失之抽象；而抽離心理向度所看到的社會現象，基本上缺乏人性的味道。

　　阿爾都塞發展了馬克思的意識型態論述，並且回答了上述馬克思所沒回答的問題：不過，當努力地在回答上述那些問題時，他已經從馬克思主義滑向非馬克思主義，特別是投入了拉康 (Jacques E. Lacan) 的懷抱中。阿爾都塞將意識型態永恆化，甚至將意識型態本體化，意識型態被視為人之所以為人，甚至歷史社會之所以可能的基礎；在這個論述的傾向上，阿爾都塞幾乎就和馬克思告別了。❾

　　前面曾經提到類主體的訴求是意識型態建構的必要條件；不過，通過類主體的訴求對意識型態的建構只能算是走了一半，或只能算是半套；阿爾都塞認為通過類主體訴求建構起來的意識型態反過來會或必須能夠在個人中徵召主體或將個人改造或轉變為主體，亦即宣稱個人為主體或將個人建構為主體，讓個人相信自己是自主的，可以當家作主的去為類主體（社會世界、人類）的福祉利益而當所實踐。

　　通過意識型態的詢喚 (interpellate)，將個人傳喚到場，個人被

徵召為主體或被改造轉換為主體；❿這是意識型態之所以會制約
影響人的關鍵所在。但說更細緻點，我們與其說意識型態制約影
響人，倒不如說個人必須被意識型態詢喚，通過意識型態成為主
體；亦即，人作為主體通過意識型態成為可能，或才具有意義和
內涵。個人的一生都是通過這個或那個意識型態成為建構這樣或
那樣的主體；這也可以說是，人的一生永遠都不是「自己」在宣
稱或說話，而是被意識型態所宣稱或所說。

　　通過阿爾都塞的論述邏輯，我們可以進一步說，通過意識型
態將作為主體的個人與類主體連結起來，從而促成個體與總體的
結合，讓個人不只被建構具有主體性還具有總體性，甚至還可能
使人相信，個人可以在為類主體的福祉利益奮鬥實踐時，是可以
改變總體從而展現主體性的。不過，必須強調的是，意識型態其
實是通過類主體的訴求去詢喚個人使其成為主體，亦即人通過意
識型態成為主體並被統攝到總體之中；人要成為主體，並且向總
體回歸，必須通過意識型態，意識型態將人作為主體和人向總體
回歸連結起來。意識型態所實現的不是單純的強制，而其實是讓
個人自動的臣服，在成為主體以及向總體回歸中，個人融入意識
型態中、或讓意識型態進入人的生活和生命中，人與意識型態之
間實現無意識式的結合關係，人沒有或不會有被意識型態支配或
刻意影響的感覺。通過以上的論述，我們或許可以說，是人需要
意識型態成為主體或向類主體和總體回歸，而不是意識型態去強
制人接受它。人需要成為主體，但要成為什麼樣的主體，是必須
通過意識型態來實現。人要成為主體，使意識型態成為必要；反

過來，意識型態使人作為主體成為可能。這也就是說，人要成為
主體或作為主體，並不具有本質的、固定的規定性，而是通過意
識型態來呈現意義和內涵的；或者，我們也可以說，人作為人，
並沒有本質的內在規定性，而是通過意識型態才具有這個或那個
的特徵、屬性或症候，或才具有自我的認同或對總體的歸屬。

　　阿爾都塞有關意識型態的論述告訴我們，人是意識型態的人，
或人天生就是意識型態的人。人通過意識型態建構自己，這在一
方面可能具有反本質主義的意涵；但另一方面，卻因為很容易如
上所述將意識型態本體化，而可能使意識型態成為人之所以為人
的某種本質。

　　意識型態當然是一套觀念系統或知識系統，但是它不只是這
樣，它更是一套社會機制，而且鑲嵌在社會網絡中；它接連人與
自我，人與社會，人與更大的主體的關係；它不只可以展現為巨
大的權力，巨大的社會政治實踐力量，而且還可以轉換為或化身
為或表現為我們的精神意識或心理人格。

三、對意識型態與主體的辯證關係的思考

　　作為一套觀念、知識系統，意識型態本身可以作為一種文本，
我們可以對它做文本分析或詮釋。此外，意識型態還是一種社會
機制，或是一種心理意識現象；因此，我們要將文本分析或詮釋
和社會學分析或心理學分析結合起來。不過，就如前述，意識型
態是一種通過語言文字符號的賦意或獲得意義的建構性的實踐系
統，我們面對意識型態，絕不是面對一套抽象的知識系統或一種

孤立的文本，而是面對一套實踐系統，並且同時我們也進入一種
社會政治實踐的關係網絡之中。

如前所述，通過類主體的訴求，意識型態的建構成為可能；
在此，我們必須進一步說，類主體訴求的正當性基礎，又是植基
於這樣的訴求：可以將人不只詢喚為主體，而且可以或可能使人
跨越作為主體的束縛，從對主體的追求中解放出來，化解人現實
生命存在的焦慮；不過，在此要特別強調的是，當意識型態將人
往超越性的神聖方向轉化時，它可能已經成為某種宗教或類似宗
教了。

通過這樣的論述，我們可以更細緻的說，通過大寫的超越性
的神聖主體和類主體的訴求，使意識型態的建構成為可能，而大
寫主體的訴求是類主體的正當性基礎；反過來說，類主體的訴求
是為了讓人回歸超越的神聖的主體的懷抱中。至於所謂意識型態
將人詢喚或徵召或建構為主體，這是說現實中存在的人只不過是
大寫的主體或類主體的鏡像複製，而人作為類主體的鏡像複製，
就可以從小我變成大我；至於人作為大寫主體的鏡像複製，則是
跳脫小我和大我委身於神聖的大寫主體的懷抱中，從而化解人現
實生命存在的焦慮。

意識型態的建構是一種將人複製為主體的機制的建立，這種
機制亦是一種不斷再生產的機制，或者可以說是將人不斷再生產
為主體的機制；而與此不斷再生產相連結的是支持這種再生產的
社會生產關係的再生產。再推論下去，與社會生產關係的再生產
相連結的是對人的日常生活方式的再生產；讓人通過這樣或那樣

的日常生活方式，表現自己為主體，並無意識的繼續成為意識型態複製下的產物。

　　人一直希望自己成為主體，或相信自認為自己是主體，或一直被設立為是主體，這都提供了意識型態形成的條件和基礎；意識型態可以企圖告訴我們，我們是如何成為主體，成為什麼樣的主體以及主體是如何與周遭的世界連結互動的。亦即，意識型態不只建構了主體，也建構了人的周遭世界以及社會。這其中也許存在著一個疑惑：既然意識型態是人通過語言符號和種種的機制設計所建構的，那麼就應該說，在意識型態被建構的過程中，人已經先展現為主體，而不是等意識型態建構完成，人才被詢喚或建構為主體。

　　要面對這個疑惑，首先，我們必須認識到，通過意識型態將人詢喚或建構為主體的同時，也建構了人的臣服、屈服順從或同意，這個過程本身就是道地的權力關係的展現；亦即這是某些人或集團對其他人或集團遂行支配的過程，或者說是霸權 (hegemony) 的展現。❶其次，我們也許也要認識到，人很難斷絕名目和話語地回答自己是誰或自己是作為什麼樣的主體，而必須通過以語言符號為載體的意識型態建構來加以回答。所以，我們應該說，人在建構意識型態的過程，不是已經是主體，而是在企求讓自己成為主體。

　　通過以上的論述，我們一直在強調意識型態的建構是以建構主體為基礎，而這也在凸顯通過語言符號以及相配套的機制的設計，對於建構主體的重要性；從這個角度來看，我們說人是意識

型態的主體，其實也可以說人是語言符號的主體。不過，就如上述，在主體被詢喚和建構的同時，其實是權力關係或霸權的展現，因此，我們也可以說，主體的建構是通過權力場域來進行的，或者說主體是權力的主體；人是語言符號的主體，又是權力的主體，這就可以讓我們聯想到，也許語言符號和權力通過主體的建構是可以被連結的；或者，我們也可以逕直地說，語言符號和權力是主體建構過程中的一體兩面，它們之間相互滲透和保證，並且可以形成一個話語 (discourse) 場域，這個話語場域決定什麼可以被說，誰可以說，或誰可以成為主體，成為什麼樣的主體。亦即，人成為主體，不光只是通過語言符號，也不光是通過純粹的權力操作，而是通過語言符號和權力交錯而成的話語場域的運作而成為可能的；這種話語場域不是神秘的、抽象的，而是具體的；但更重要的是，它是一個動態的過程，而且其中充斥著種種的陳述或所謂的知識。不過這些陳述和知識是與權力相伴相生的，抽離了權力，無法理解種種陳述或知識；同樣地，抽離了陳述或知識，也無法理解權力。語言符號、陳述、知識本來就是權力的，而權力本來也是語言符號、陳述或知識的。

意識型態既是語言符號，也是權力，但又不只是語言符號或權力；意識型態是語言符號和權力交織而成的話語場域。話語的形成變化，不是通過純粹語言符號的邏輯，或純粹權力邏輯來實現，而是通過話語的實踐所形塑的關係網絡來實現的。主體和我在話語場域中被建構，跳出話語場域，就沒有主體和我。所以，我們可以強調，將自在的個人提升為自為的主體，主體或我，既

是語言符號的，意識型態的，也是話語的。

此外，就如前述，意識型態是一種或一套「主體」的鏡像複製的機制或機器，我們可以說，意識型態的建構和產生功能，既是主體或我的被複製和生產，也是語言符號、權力、話語的再生產；而再推下去，就是權力關係或話語場域的再生產，以及社會生產關係的再生產。主體或我的不斷再被複製和生產，其實也是社會勞動力的再生產，以及如上述是臣服、屈服和同意的再生產，或是霸權的再生產。而這也就是說，是政治、經濟和文化的再生產，或是整個社會的再生產；意識型態通過這樣的社會再生產過程，也不斷再被生產出來，意識型態既是啟動社會的再生產的鑰匙也是貫穿社會的再生產的主軸，更是連結政治、經濟和文化的黏著劑。

總的來說，通過意識型態讓自在的個人或個體提升為自為的主體，同時主體也必須接受來自意識型態的給予和現實的規訓；這時，一方面自以為是獨立自主的在行動和思維，可是在另一方面，其實是無意識的受制於意識型態。從這種種的場景來看，自覺的意識或簡單的說有意識的表現其實是以某種無意識的臣服為代價或基礎的，亦即所謂的自為有意識的行動和思維，是以被意識型態安排成「自在」（自然而然的存在）這樣的無意識的存在為代價和基礎的。意識型態要能將人安排為無意識的「自在」的存在，基本上必須通過以社會生產關係的再生產為基礎，不斷再生產人的日常生活，從而使意識型態所揭櫫的規訓融入人的日常生活中，成為人的生命和生活的一部分。而在這個過程中，意識型

態必須進入社會生產關係中，成為社會的再生產主軸或黏著劑；這也就是說，意識型態必須客體化，進入社會生產關係中，這樣它才能真正成為鏡像複製主體的機制。這樣一來，意識型態轉化為制度規章或政策路線等等，它可以正式啟動或使動個人或個體，按照意識型態的要求去行動和思維，亦即它可以銘刻在個人和個體身上，從而使個人（體）從事種種儀式活動和實踐。通過意識型態如此這般地銘刻在個人和個體身上，意識型態使動個人，並且讓它成為「社會的」或「歷史的」或「世界的」主體。而這也可以說，意識型態絕不是通過類主體或更高的神聖主體的訴求來發揮作用，而且還更通過具體的客體化的過程，導引人們所從事具體的活動實踐來發揮它的影響和作用；所以意識型態絕對不只是理念的，它更是物質的、具體的、實踐的。

　　阿爾都塞通過拉康的心理分析和理論，基本上回答了意識型態如何能從刻意造作或建構轉變為對人產生無意識式的影響；從拉康的角度來看，意識型態的建構操作和發揮影響力，是因著人對作為主體的追求的需要，而意識型態基本上就如上述是作為一套複製主體的機制而存在的。阿爾都塞如此這般地論意識型態的確很容易讓人認為，他將意識型態本體化，意識型態成為人的生命之所需以及這個世界係什麼的世界的憑藉；而且，阿爾都塞的這種論法也很容易被認為是背叛馬克思主義的唯物論的原則。因此，有些人或許還是會希望以馬克思主義唯物立場來論意識型態，從而認為必須從階級性、社會性和政治性的角度來看意識型態；❷如此一來，意識型態就相對地回歸較為古典的意涵，特指反映代

表或表述某個階級的基本價值或利益的觀念體系。這種將意識型態的論述向馬克思主義的回歸，討論意識型態，終究必須面對上述的問題：意識型態如何能從刻意造作轉變成對人產生無意識的影響。而且，就算我們回歸馬克思主義的唯物立場，將意識型態視為反映或表述某個階級的基本價值或刻意的觀念體系，可是意識型態在實際建構的操作過程中，它要對人產生影響力，仍舊必須如前述將階級的「特殊」利益或價值取向說成是普遍的利益或價值取向，亦即它仍然必須進行類主體的訴求，然後它才可以不只將被認定為該階級的人或其他階級的人詢喚或建構為主體。

　　因此，認為對意識型態的理解必須回歸階級性的取向，其實是不太需要；重要的是，必須弄清楚意識型態如何能夠對人產生無意識的影響。更何況，就算向馬克思主義的唯物立場回歸，其實到頭來還是必須面對意識型態對人產生無意識影響的問題；所以阿爾都塞式的對意識型態的說明所謂向馬克思主義的唯物主義的回歸，基本上是不衝突的，而且是可以相結合的。或許，我們也可以說，必須從種族、族群、民族、國家、性別、地域和血緣等等取向或角度來理解意識型態，不管取向或立場。再說，同樣的都要面對意識型態對人產生無意識影響的問題；而且，基本上與阿爾都塞式的對意識型態的說明是不相衝突，甚至都可以互相結合在一起。

　　值得強調的是，阿爾都塞討論了意識型態的國家機器，基本上是凸顯了意識型態的客體化，這種客體化的意識型態進入了教育、文化、傳播、政治等等各種領域中轉變成複製個人為主體的

種種機制，這基本上也算是某種客體主義或唯物主義的立場。

況且，不管是訴諸階級、種族、性別、民族或國家等，基本上都是一種類主體的訴求，這些作為類主體的階級、種族、性別、民族或國家，基本上都必須通過意識型態的建構過程，被定義或被賦予內涵；階級、種族、性別、民族或國家等等，基本上都不是永恆固定的或本真的普遍的範疇或現象，它們都是通過語言符號或以語言符號為基礎的話語操作下的產物或結果，或者也可以直接說是意識型態建構操作的產物或結果；而這也就是說，階級、種族、性別、民族或國家都是通過話語或意識型態為載體的再現 (representation) 過程而被建構的，這個過程本身就是一種權力拼搏的過程。❸ 因此，企圖訴諸階級、種族、性別、民族或國家取向，以凸顯某種唯物立場的意識型態觀，其實是不太必要的，甚至是值得商榷的。

註 釋

❶ 李廣茂，《意識型態》，廣西：廣西師範大學出版社，2005 年 5 月，頁 1。

❷ 同上註，頁 13–14。

❸ 同上註。

❹ 同上註，頁 8–10。

❺ 同上註，頁 15–16。並請參閱 Raymond Geuss, *The Idea of a Critical Theory, Habermas and the Frankfurt School*, Cambridge University

Press, 1981.

❻　同❶，頁 15。

❼　同上註，頁 16。

❽　同上註。

❾　張一兵，《問題式、症候閱讀與意識型態——關於阿爾都塞的一種文本解讀》，北京：中央編譯出版社，2003，頁 172–189。

❿　阿爾都塞著，杜章智譯，《列寧與哲學》，臺北：遠流，1990，頁 191–192。

⓫　同❽，頁 187–188。

⓬　馬海良，《文化政治美學——伊格爾頓批評理論研究》，北京：中國社會科學出版社，2004，頁 124–125。

⓭　Chris Barker, *Culture Studies: Theory and Practice*, London: Sage Publication, 2000, pp. 5–8.

第六章 作為生活世界的關係網絡：效益、效率與正當性問題

一、社會化的兩種極端

理性選擇途徑和行為途徑從個體主義方法論出發，基本上避開集體行動所可能面臨的搭便車或所謂囚徒困境這類的困難問題；轉而強調或設定人或個體或行動體在追求自利時，會自然促成或實現集體均衡的和諧或利益。這是一種非常樸素的功能主義的論述，同時也具有相當程度的自由主義的色彩；此外，這種論述基本上可以要求避免「權威」問題的介入，也再度體現了自由主義的精神；而這樣也就促使理性選擇途徑和行為途徑一直對人們具有相當程度的吸引力。

雖然，長期以來社會學一直存在著要求從社會結構面進行分析的傳統；但結構分析對人而言，卻經常是一種巨大的負擔和壓力，並且經常考驗人的理性能力；因此，長期以來的結構分析也經常通過相當程度的化約，從假設人或行動體會內化或受制約或被決定，來反證社會結構甚至是制度規範的存在；這種分析途徑被 Mark Grenovetter 稱為過度社會化 (oversocialized)，這種分析經常陷入結構決定論，制度決定論或規範決定論中，呈現相當程度的機械式的分析特徵，這樣的分析，往往會不自覺的陷入套套邏輯 (tautology) 的循環論證的困境中，讓結果反身變成原因。而

且，這樣的分析其實是把結構、制度或規範當作是一種前提、預設或是隱喻，從而把人或個體或行動體也加以抽象化，變成是反映結構、制度或規範存在的工具或手段。

理性選擇途徑為了克服由於個體主義方法論的制約所延伸出來的把人或行動體或個體過度單子化的問題，從而逐步發展出兩人對弈，或三人對弈的諸多博弈理論；這樣的發展顯示出對個體主義的某種設定的突破，不再從單一的人或個體從事理性選擇出發分析，但如果進一步追究下去，我們可以發現，不管是兩人對弈或三人對弈，仍然跳不出個體主義窠臼，因為這樣的分析仍然會強調以二人對弈或三人對弈為基本分析單位；分析單位只不過從單一的個體或人變成兩個或三個個體或人；而且通過抽象化的過程，不管是兩個或三個個體或人，還是要變成「單一」的個體或人。所以不論是以單一個，或兩個或三個個人或個體作為分析單位，終究還是擺脫不了低度社會化 (undersocialized) 的困境。❷

而要從長期以來所謂結構分析的過度社會化以及個體主義方法論的低度社會化的困境轉移出來，就出現了所謂網絡分析途徑。這種分析途徑把具體的關係或網絡當成是基本的分析單位。這種分析途徑可以把結構表述為一種網絡或關係，其中包括許多節點 (nodes)。這些節點可以是個人、家庭、團體、社會或國家等等——以及許多連帶 (ties)，這些連帶表述了節點間被建構的關係。而這些連帶所促成的體向就形塑了所謂社會結構；在這個結構中較低層次的網絡是更大範圍的網絡的節點，反過來說，更大範圍網絡是「網絡的網絡」(networks of networks)。❸

二、網絡分析與理性選擇的辯證

　　網絡分析所強調的重點是現實世界包含了許多的網絡而不是個人（體），或由個人（體）所組成的團體；網絡所呈現的屬性、狀態永遠比所謂個人（體）的總合還要複雜。個人（體）鑲嵌在網絡之中，並且通過其在網絡中的位置來表現行為或行動；當然，個人（體）的行為或行動會導致網絡的變動，從而又使個人（體）繼續鑲嵌在變動後的網絡中而具有其新的位置。

　　通過上述這樣的角度，網絡分析不只可以和傳統的結構分析連結起來，並且相當程度的克服傳統結構分析的過度社會化的問題；而在另一方面，也可以和理性選擇途徑連結起來，讓個人（體）鑲嵌在網絡中的同時，仍然可以進行理性選擇，從而保持個人（體）一定程度的自主性。

　　在與傳統結構分析的連結方面，我們可以這麼說，個人（體）與其說立即直接的鑲嵌在制度、規範和結構中，倒不如說是通過鑲嵌在具體的網絡中箝入制度、規範和結構中的。制度、規範和結構通過網絡來制約、影響個人（體），網絡是制度、規範和結構與個人（體）進行制約與理性選擇的競合場域。就如前述，長期以來的結構分析往往從機械式的觀點，從所謂個人（體）所屬的結構位置來單線推論個人（體）可能的行為或行動的表現，這不只忽略或取消了個人（體）的差異性問題，而且也漠視現實或當下存在的個人（體）所涉及的網絡的角色和作用；認識到網絡是制度、規範和結構與個人（體）進行制約與理性選擇的競合場域，

才能正視網絡的角色作用以及個人（體）在制度、規範和結構制約下可能的個別差異性問題。

在與理性選擇途徑的連結方面，我們可以這麼說，網絡至少是個人（體）進行理性選擇的策略背景；或者可以進一步強調網絡是個人（體）現實存在之所繫，亦即網絡讓理性選擇成為可能；個人（體）是網絡的，從而也是情境的存在，個人（體）所進行的理性選擇是網絡式或情境式的選擇；網絡情境可以讓個人（體）知道其能進行的理性選擇的範圍和方向，甚至可以讓個人（體）知道其只能在網絡情境中作一個知足者，而不可能作一個可以追求利益極大化的無限理性者。

如果特別強調網絡可以作為個人（體）理性選擇的策略背景，往往會發展成將網絡當作是個人（體）理性選擇經營下的產物，立即直接把網絡當作是理性選擇的策略目標，從而也把網絡當作個人（體）進行理性選擇的籌碼或條件；如此一來，網絡直接可以成為個人（體）利之所在或利之標的，或者成為追求利益的籌碼和條件。

既然網絡分析不只可以和傳統的結構分析連結在一起，也可以和理性選擇途徑連結在一起；那麼從這裡可能會延伸出一個問題：理性選擇，網絡和結構（制度、規範）如何能夠連成一氣。而就如上述，理性選擇途徑經常告訴我們個人（體）追求自利，會自然促成集體或總體的和諧，均衡或利益，從而促使集體或總體能持續存在發展下去。這樣的觀點如果被拿來對照現實，往往就不具有太大的說服力，因為我們經常看到個人（體）的自利追

求導致集體的利益受損，或集體內部的衝突鬥爭，甚至崩解。人不只會追求自利，而且會投機或相互欺騙，理性選擇途徑如果只認定個人（體）追求自利可以導致集體或總體的利益、和諧和均衡，那似乎就認定個人（體）的自利都是文明而且文雅的，並且是排除暴力和欺騙的。不過，在現實生活中，個人（體）都是在爾虞我詐中進行理性選擇，理性選擇經常變成爾虞我詐的遁詞，在理性的大旗下，經常造成相互的傷害或欺騙。

顯然，個人（體）的理性選擇不能自律會導致造成對別人的傷害和欺騙。於是他律的思考途徑應運而生，制度和規範的必要性就躍上人們的思考論述中，並且被賦予某種合理性的色彩和意涵。制度和規範被認為可以使個人（體）進行理性選擇從而行動和行為時，不會去傷害和欺騙別人。而通過這種思考邏輯所形成的論述就非常有趣：個人（體）在相互競爭的場域中，可以通過內化制度規則和規範，以保證個人（體）彼此間有秩序的交易和互動。這種論述是以單子化的個人（體）為基礎，並從低度社會化的角度出發，但卻導出一個過度社會化的結論，認為單子化的個人（體）可以（全然的）內化制度規則和規範，以保證彼此有制度的交易和互動。❹新制度經濟學甚至一般的理性選擇制度主義都是依據如此的邏輯來回答上述的問題；並且認為制度和規範的存在就是使他人的行動可以預期，制度甚至可以對不能預期的行為和行動施加懲罰。制度和規範的存在，除了作為個人（體）的理性選擇的策略背景外，就是要扮演好完善鞏固個人（體）的理性選擇的進行，排除或預防相互欺騙和傷害為的就是確保理性

選擇的合理性；於是，制度和規範是附屬在個人（體）的理性選擇之下。上述這樣的回答忽略一個嚴肅的問題：既然制度和規範是作為個人（體）理性選擇的策略背景，或者是附屬在理性選擇之下，那麼個人（體）就有可能同樣在理性的大旗下，發展出某些方式或想出方法去規避制度和規範對他們的約束，甚至利用制度和規範來約束別人，或傷害別人。❺

　　從上述的思路延伸來看，制度和規範的存在和建立為的是讓個人（體）相信我在做理性選擇時不會傷害別人，而別人也不會傷害我；亦即制度和規範是可以通過建立信任機制來防止個人（體）在做理性選擇並且行動時可以不會相互傷害和欺騙對方。而就算我們不從上述的思路來想，光從一般的素樸的想法出發，也同樣的可以認為確立信任機制可以防止個人（體）在做理性選擇並且行動時可以不會相互傷害和欺騙對方。於是，更具有普遍化意義的（道德）規範的必要性和重要性就可以更被強調。當然，我們在現實世界中或人類歷史中，看到許多具普遍化意義的（道德）規範的存在，並且曾經或正在發揮巨大的規範制約作用；此外，我們也可以認為，信任機制或某種程度的信任感的建立是必須的，否則光靠制度安排是無法防止彼此的傷害、欺騙或甚至是暴力相向的。不過，因為強調信任的重要性和必要性，從而要求更具普遍性意義的規範存在和建立的重要性和必要性，往往會讓我們又不自覺的掉入過度社會化的思考困境中。

　　而且，如果因為這種對更具普遍化意義的規範存在和建立的要求，而把規範看成是可以先天被給定的 (given)，這並無法回答

規範是如何可能產生的問題。此外，從上述的思考邏輯來看，不管是更具普遍化的規範或信任，如果只是作為完善鞏固理性選擇，從而如同上述是從屬在理性選擇之下；那麼個人（體）經常可以以合理性作為遁詞的情況下，迴避規範和信任的約束，或者利用信任來造成更深的傷害和欺騙；在現實世界中，信任程度越高或越多，往往更容易使傷害和欺騙得逞。

就算先不追究制度、規範和信任如何可能建立或確立，我們也必須認識到，制度、規範和信任的建立或確立並不能保證防止傷害和欺騙；因為，其中的一個重要原因是，個人（體）往往可以以合理性作為遁詞，利用制度、規範和信任；而且，在現實生活世界中，個人（體）往往因為自己的處置的差異，對於被宣稱已經廣為被接受的制度、規範，或已經存在的信任關係，做出不同的理解、解釋和運用。

所謂合理性，應該是有層次的差別的。個人（體）的合理性運作是以他最立即直接的生活情境作為基礎，然後再不斷的擴延出去。而因個人（體）立即直接的生活情境，基本上就是他直接所鑲嵌入的關係網絡；不管是制度、規範或信任機制都是通過這些林林總總的個人（體）所直接鑲嵌入的關係網絡作為載體來發生作用的，而個人（體）反過來也是通過這個載體去面對制度、規範或信任機制。這些林林總總的關係網絡是個人（體）和制度、規範和信任關係進行競合的場域。不同的關係網絡會對個人（體）產生不同的制約和約束，使得他們會在乍看之下同一個制度、規範和信任機制的制約下有不同的選擇和行為表現。

107

　　當然，這並不是說，個人（體）所直接鑲嵌入的關係網絡可以替代制度、規範或信任機制，而是說，抽掉了關係網絡，制度、規範或信任機制，對個人（體）而言，其實更只是抽象的存在。而且，活生生的關係網絡是促成現實生活中信任的重要支柱；說得具體點，活生生的關係網絡是信任形成或運作的雖然不是充分條件但卻是必要的條件。我們可以這麼說，是活生生的關係網絡以及其所承載，或也直接鑲嵌在關係網絡中的制度、規範和信任機制，共同對個人（體）進行制約和影響。此外，或許必須特別強調的是，活生生的關係網絡和制度、規範或信任機制之間是一種互為鑲嵌的關係，抽離制度、規範或信任機制，活生生的關係網絡可能將無以為繼；而反過來，如果抽離活生生的關係網絡，那麼就如上述，制度、規範或信任機制失去存在的基礎或意義，以及發揮作用和影響的可能性。

三、市場與計畫的辯證

　　活生生的關係網絡當然不會保證也能夠防止欺騙和傷害，但對包括欺騙在內的傷害行為的懲罰，如果能通過活生生的關係網絡來進行，將可能是最為直接有效的。而且，以活生生的關係網絡作為載體或中介，個人（體）的理性選擇和制度規範或信任機制之間就如上述進行競合，使個人（體）的現實生活可以不只追求效益，而且還可以追求所指的正當性；活生生的關係網絡對個人（體）而言最大的意義在於，或許可以使得合理性也能涵蓋正當性，或者是以追求正當性作為追求有效性的基礎。

　　活生生的關係網絡是個人（體）的生活世界。在生活世界中，社會當然可以進行特殊選擇，但生活世界畢竟不是完全競爭的市場；在生活世界中，個人（體）當然會受社會制度、規範或信任機制的制約影響，甚至會內化到制度、規範或信任機制，但生活世界畢竟不是這麼一致化或一體化的世界。生活世界不是低度社會化或過度社會化的人學觀點所能完全解釋的，因為在現實的生活世界中，個人（體）對自制的追求和對制度、規範或信任機制的內化是辯證的、相互滲透、相互支撐的連接在一起的，中間的界線是非常模糊的，而且經常是相互流動的，就等同彼此有時可以相互替代，但是，卻不可能完全的、徹底的取消或替代對方。

　　把個人（體）的生活世界完全市場化，或完全制度化、規範化，同樣都是不切實際，都是對生活世界的嚴格化約。生活世界所要求的是市場和制度或規範的相互滲透與相互支撐；而市場和制度或規範的相互滲透與相互支撐，反過來又支撐了生活世界。市場和制度或規範都是通過生活世界從而也是活生生的關係網絡來運作，並具體化其功能和作用的，亦即，在某種意義上，市場和制度或規範是生活世界中的「一體的兩面」，一方面鑲嵌依附在生活世界中；另一方面可呈現生活世界的面貌或內涵。在現實生活世界中，就等同制度、規範甚至是關係網絡對個人（體）形成巨大的制約力，但是個人（體）在「要過日子」或「會過日子」的生活特性導引下，經常會用一種符合這種制約的方法來保持或改變自己的生活境遇；這其中體現了個人（體）對理性選擇的成分，進而擺脫了「宿命」的困境。❻反過來，就算個人（體）真

109

的被拋入完全競爭或甚至秩序蕩然，制度規範崩解的境遇中，個人（體）自然可以透過某種形式的關係網絡作為基礎，確立某種防護機制來讓自己過下去或活下去。這種活生生的生活特性，不是強調利益極大化的一般理性選擇途徑或強調內化制度或規範的一般結構分析所能掌握和解釋的。

在以個體主義為基礎的自由主義發展的影響下，就如前述，長期以來人們期待或相信可以存在完全競爭的市場，或甚至可以完全取消權威。計畫讓市場機制去主導個人（體）的經濟生活，甚至是社會生活或日常生活世界。而反過來，伴隨著社會主義思潮的發展以及社會主義實踐的開展，人們也曾相信計畫可以替代市場。亦即，人們曾經把市場和計畫絕對化，認為可以相互取消對方或替代對方。

但在現實世界中，我們可以發現，市場是通過人際間或相關各造的社會網絡動員資源建構而成的；亦即，市場是鑲嵌在關係網絡之中；同樣地，計畫、制度或規範也是通過社會網絡動員資源建構而成的，它們不是什麼偉人或社會結構所促成的。❼亦即，市場並不是純然所謂「看不見的手」所創造的，從這個向度來看，就如 Oliver E. Williamson 在《市場與等級》(*Markets and Hierarchies: Analysis and Antitrust Implications*) 書中所說的，市場是一種小數 (small-numbers) 現象，❽不等同古典自由主義經濟學或制度自由主義經濟學都設定或傾向認定可以存在完全競爭的市場。這樣的市場是一種大數現象；而這種理想型態的市場在現實世界並不存在，往往只能作為論述上推論的前提或隱喻。

　　Williamson 除了從關係網絡為市場作了不同於自由主義經濟學的定義外，更從現實主義的角度，將市場視為特定關係網絡中相關各造為了實現或運作交易的一個手段或選項。市場不再作為載體而存在，而是關係網絡中的相關各造為了實現交易，考慮交易的成本效益所出的選擇。如果關係網絡中的相關各造認為市場不符合實現交易的成本效益考慮，就可能可以選擇透過組織面、制度或其他等級機制。「市場和組織之間不是一個孰優孰劣的問題，它們的優勢和弱點在一定條件下相互轉化。」❾

　　我們經常認為計畫、組織、制度或其他等級機制的存在和確立，是為了完善實現甚至鞏固市場；但是，反過來，市場也經常被用來完善實現計劃、組織或其他等級機制的功能。亦即，我們必須跳脫本質主義式的思維，不必再將市場或計畫本質化，將其當成經濟或人們現實生活的母體或載體。市場或計畫是關係網絡相關各造為了實現交易、考慮成本效益的選項。而如果連結上述的論述來看，市場或計畫是個人（體）為了過日子或現實生活、為實現某個目標或做某件事，考慮成本效益的選項。市場或計畫鑲嵌在個人（體）的生活世界中，從而也就鑲嵌在關係網絡中，抽離生活世界或關係網絡，不管是市場或計畫都是抽象的。而且，從關係網絡或生活世界出發，市場和計畫之間的界線經常是非常模糊的，甚至是相互滲透的。說通俗點的話，可以視為市場和計畫相互混合；若說詳細一點的話，也可以視為市場中有計畫，計畫中有市場。

　　人們經常以為理性是有限的，從而期待建立制度、計畫或組

織來彌補理性有限之不足；從而對制度賦予過度的理想性色彩，甚至不願見到或承認制度、計畫或組織失敗的事實。制度、計畫或組織的確立，仍然不會改變理性是有限的現實；但是卻往往可以提供效率或效益之外的正當性基礎，可以正當性賦予彌補效率或效益之有限或不足。其實在現實世界中，對效率或效益的考慮，往往是通過是否正當或適當的角度來進行的。制度、計畫或組織的成功或失敗，主要視其能否提供個人（體）進行特殊選擇或關係網絡的正當性基礎。亦即，不能直接從能否提升或增進效率來評估制度、計畫或組織的成功或失敗；如果從彌補理性有限之不足的角度來看，由於理性之有限性是可以無限延伸的，它不可能被克服，那麼這就註定制度、計畫或組織幾乎必然都會失敗。理性有限的問題，可能必須靠正當性基礎的建立或鞏固來加以轉移或化解；所以效率或效益也可以是一種規範性的範疇或現象，而理性選擇當然也可以被轉移成一種規範性的過程。

四、效率、效益與正當性的辯證

其實，在現實世界中，對效率或效益的強調經常是為了論證個人（體）理性選擇，關係網絡或制度、計畫或組織的正當性。Williamson 認為理性的有限、經濟生活或社會生活或生活世界的錯綜複雜不確定性，人的投機性行為以及小數現象等是促成市場失敗的原因。不過，上述這四種因素不會單獨地促成市場失敗，必須有限理性和錯綜複雜不確定性相結合，或投機行為和小數現象相結合，才會導致市場失敗。❿若從這個角度觀之，要保證市

場不會失敗，其實就必須消除不確定性或投機行為；而這又可以進一步據此要求建立制度、規範、計畫或組織；通過制度規範或計畫組織來保證市場不會失敗，有效市場的建立必須通過規範性機制建構的基礎上，市場是通過規範性機制的建構而成為可能的；若連結上面的論述，我們可以說，市場和效率和效益是規範性建構下的產物，它的評估標準或基礎基本上是規範性的。而反過來，有關規範性的正當性的論述，也常常必須通過效率和效益的強調作為基礎；亦即，正當性的強調和效率或效益的強調之監視可以相互循環論證的，彼此可以互為條件，互相保證。所以，正當性可以被轉化成量化式的效益或效率，成為一種數字或量化現象。

　　若進一步深究下去，正當性和效益或效率之間的界限是非常模糊的，而且經常是流動的，甚至有時彼此會形成循環論證或套套邏輯的關係。正當性和效益或效率之間不是孰重要孰不重要的問題，它們的優勢和弱點在一定條件下相互轉化。而如果順著交易成本論述邏輯或前述的生活理性角度觀之，它們是個人（體）為了實現交易或過日子或過下去，進行成本效益考量下的選項；在相對的條件下，它們可以彼此代替，但不能完全替代或取消對方。

　　在現實世界中，我們經常在討論缺乏效率或效益的問題，而對於這樣問題的解決，往往是以如何提升或增進效率或效益來作為因應。缺乏效率或效益成為一種口頭禪，或甚至變成一種可以無限延伸續存的現象；而提升或增進效率或效益也相應地成為一種口頭禪，或甚至也變成一種可以無限延伸續存的現象。在另一

方面，我們經常在評估或限定既有的制度、組織、計畫或規範以無法提供正當性基礎時，我們會通過所謂修正、改良或甚至另外創立制度、組織、計畫或規範來作為因應，這其實無法解決缺乏正當性的問題，甚至在所謂修正、改良或創新之後，制度、組織、計畫或規範就被束之高閣。效益或效率並不是一種客觀的現象或範疇，它是相關各造通過關係網絡動員資源建構下的產物；同樣地，正當性也不是純粹應然的或天經地義的範疇或判準，它也是相關各造通過關係網絡動員資源建構下的產物。

效益效率的要求或正當性的期待，都可算是理性運作的表現；我們不能說是有效益、效率的要求是理性的，而正當性的期待則是非理性的。個人（體）的理性運作的活潑及豐富性，也許主要就表現在讓效益效率的要求能和正當性的期待不斷相互證成。效益效率或正當性基本上都是情境式範疇，它們各自反映了相關各造間關係網絡中的權力利益或相互認知期待的現實。抽離了相關各造間的關係網絡，所謂效益效率或正當性問題都是抽象的。制度、組織、計畫或規範被相關各造的關係網絡認定為是正當的，它們就可能會提升效益和效率；而反過來，若有關提升或增進效益或效率的方法、規則或制度被認為不具正當性，往往社會徒具形式，或甚至反而會讓有關提升效益或效率的問題更加治絲益棼。

其實，凡是被宣稱為客觀的，合理性的範疇，都是要作為一種判準或規範而存在的；從而也就使這些宣稱以及相關的所謂客觀範疇，具有強烈的批判性；亦即客觀性的宣稱往往或甚至根本上就是為了奠立標準規範，從而也就是為了解決正當性問題。效

益或效率就算純然的被當作客觀的範疇，其實也改變不了它們所具有的批判規範的屬性。而且，當它們被制度、組織視為自然的、天經地義的範疇或標的時，它們更被建構成道地的規範性的範疇或價值。就因為如此，當一個團體、組織或制度提出要提升效益或效率時，往往就表示其內部既存的價值規範已經出了問題，從而使其本身不再具有正當性。而效益或效率作為一種規範性的範疇，它的被提出，反映了相關各造關係網絡中的相互認知期待的倫理問題；而它的被落實也必須能與相關各造的關係網絡中的倫理相適應；而且更重要的是，它必須通過關係網絡中的一定共識或信任才會成為可能。抽離相關各造的關係網絡及在此基礎上所形成的共識或信任，效益或效率是抽象的。但在這裡必須強調的是，不是共識或信任使效益或效率成為可能，而應該說是在相關各造的關係網絡中的共識或信任，使效益或效率成為可能。

註　釋

❶ Mark Granovetter & Richard Swedberg eds., *The Sociology of Economic Life*, Westview Press, 1992, pp. 54–58.

❷ Ibid., p. 58.

❸ Barry Wellman & Steven D. Berkowitz eds., *Social Structure: A Network Approach*, Cambridge University Press, 1988, pp. 3–5, 16.

❹ Mark Granovetter & Richard Swedberg eds., op. cit., pp. 59–60.

❺ Ibid., p. 60.

❻ 楊念群、黃奧濤、毛丹主編，《新史學（下），多學科對話的圖景》，北京：中國人民出版社，2003，頁 517–518。

❼ Mark Granovetter & Richard Swedberg eds., op. cit., pp. 18–19.

❽ Oliver E. Williamson, *Markets and Hierarchies: Analysis and Antitrust Implications*, The Free Press, 1975, pp. 9. 10. 26–30.

❾ 周雪光，《組織社會學十講》，北京：社會科學文獻出版社，2003，頁 37。

❿ 周雪光，前揭書，頁 36–37；Oliver E. Williamson, op. cit., pp. 4–7, 9, 10, 21–26.

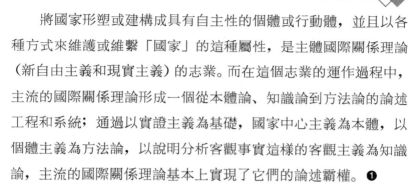

第七章　國際關係本體論的重建

　　將國家形塑或建構成具有自主性的個體或行動體，並且以各種方式來維護或維繫「國家」的這種屬性，是主體國際關係理論（新自由主義和現實主義）的志業。而在這個志業的運作過程中，主流的國際關係理論形成一個從本體論、知識論到方法論的論述工程和系統；通過以實證主義為基礎，國家中心主義為本體，以個體主義為方法論，以說明分析客觀事實這樣的客觀主義為知識論，主流的國際關係理論基本上實現了它們的論述霸權。❶

　　在這裡所謂的本體論 (ontology)，指的是對「世界是由什麼基本單位或元素組成的」這樣問題的論述。有不同的本體論觀點，就會有不同的世界觀。任何關於這個世界的分析，都植基在一套自覺或不自覺的本體論基礎上，本體論是人們嘗試分析甚至論述這個世界的基礎。

一、對「國家作為本體」的反思

　　主流的國際關係理論把國家當作這個世界基本的組成單位，在把國家本體化的同時，也把國家個體化和主體化。而對國家的個體化和主體化，主要是通過宣稱國家應該或必須擁有威斯特伐利亞主權 (Westphalian Sovereignty)，國際法主權和內政主權，❷以及強調國家是具有追求權力和利益（或進行合作互賴）的理性能力來加以實現的。宣稱國家擁有上述的主權，主要是要將國家

塑造成為個體，而強調國家具有上述的理性能力，主要不只將國家塑造為個體，而且是具有理性能力的主體。

而在將國家個體化和主體化的同時，在邏輯上必須去塑造「總體」的不在場或闕如，於是世界的「無政府狀態」就被凸顯強調，甚至被當成是一個客觀給定 (given) 的狀態。「總體」被塑造成不在場甚至被取消，所剩下來的就是具有理性（自主）能力的個體國家，以及作為個體的國家之間通過理性計算所形成或延伸出來的互動或關係。

不過，主流的國際關係論述，一方面塑造「總體」的不在場或闕如，而另一方面卻同時又反身強調作為個體的國家的理性計算，是因著總體的不在場或闕如，或是因為要克服成「總體」不在場的「無政府狀態」。本來，「無政府狀態」的設定，是配合或因著將國家本體化的邏輯需要；可是反過來卻使「無政府狀態」具有讓作為個體的國家行使理性計算，展現某種形式的主體能力的「第一因」；從而又讓「無政府狀態」似乎又具有高於國家作為本體的位階，甚至很容易讓人產生困惑，認為「無政府狀態」又可以替代國家的「本體」角色。

上述這樣的論述情境的出現，意味著在本體論的層面上，其實總體和個體也是相互構成的；❸因為，一方面為了將國家本體化，將國家塑造成為個體或行動體，「總體」被塑造不在場或闕如；可是在另一方面，為了讓國家作為個體的行動具有現實的正當性和合法性，卻必須以表現「總體」的不在場的無政府狀態作為辯護理由或原因。

其實，就連在本體論的層次上，不管是直接以總體作為本體，或某種形式的個體為本體，都必須以總體和個體之間的相互構成為載體，然後作為本體的本體角色才得以確立，而且實際的論述才能獲得開展。而這也就是說，儘管在本體論上，我們可以將世界還原為某種型式的基本單位；但在實際的論述中，這個被「還原」的世界，仍然會與還原後的基本單位形成相互構成的連接關係。替這個世界確立本體為的就是以此為論述分析的邏輯起點，展開對「世界為何物」的掌握分析或建構；因此以本體論為基礎的論述開展本身其實就是一種實踐，通過這種論述實踐，「世界為何物」被呈現或是建構出來；而更深一層說，是我們的論述實踐讓總體和個體不只在本體論層次上，甚至在其他層次上都能形成相互構成的連接關係；論述者的論述實踐扮演了讓總體和個體能夠相互構成的接合或連接的角色，甚至直接參與了這個相互構成。

被確立或被當作這個世界的基本單位或元素，從更素樸的角色來看，就是被當作節點，通過它們可以形塑出世界或連結成為世界。而被主流國際關係理論當作主體的國家，它一方面作為節點，另一方面則通過理性計算和行動，將彼此串成或連結成世界。因此，國家作為基本單位或作為節點，並不是靜態的存在，而其實是以動力場的樣態來呈現，理性算計和行動，則是國家作為動力場的動力來源。如果我們再配合前述來看，國家的理性算計和行動其實可說是總體和個體之間本體論層次的相互構成的表現和結果；那麼我們因此可以說，總體與個體之間本體論層次的相互構成，促使國家不只作為一個個體，更作為一個動力場，通過他

119

們的理性算計和行動將彼此連結成所謂國際關係或世界。國家的
理性算計和行動扮演了讓總體和個體能夠相互構成的接合或連接
的角色，甚至直接參與了這種相互構成。

　　宣稱或確認國家是具有理性算計和行動能力的個體或行動
體，這其實是一種本體論的命題或宣稱；可是當它被承認或接受，
它就會轉化成現實，或成為具體實踐的依據；這個時候就出現了
從理論到實踐的連結，從而也就實現了論述實踐的力量。其實，
就如上述，國家原本也算是一種本體論的範疇，可是當它被承認
和接受，國家就轉變成具體的行動體、個體或主體。講得更深一
點，當某種範疇被確立為世界的基本單位或本體時，它立刻會從
理論論述的角色，轉變為「現實」或具體的實體，從而不只具備
本體論的角色，同時也具有實踐的現實角色。對確立為本體論和
展開具體實踐之間本來就是一種一體兩面的關係。而這也就是說，
實踐力量來自於相信世界是以什麼作為基本單位或元素這樣的本
體論論述的基礎上；本體論的確立和信念成為實踐的力量來源。
從浮面的角度來看，國家作為行動體、個體，其實踐的展開似乎
是通過理性地算計和行動；但從更深層的角度看，則是來自於國
家本體化或個體化的確立和信念。而從上面的論述來看，我們或
許也可以說，本體論的確立本身既是一種論述，同時也是實踐，
或就是為了實踐。因此，作為世界本體者，本身既是一種理論範
疇，同時也是一個具體的實體，它兼具有一種理論和實體的雙重
屬性。那麼，國家作為世界的本體，它就兼具有理論和實體的雙
重性了。如此一來，爭論國家到底是範疇還是實體，是「觀念」

還是物質，其實並無多大的意義。

其次，隨著將國家個體化或主體化而來的是，將國家擬人化，並且通過將理性主義和經驗主義結合所延伸出來的對人的想像加諸在國家身上。主流的國際關係理論，基本上把國家看成是經濟人；經濟學有關人的想像樣本成為主流的國際關係理論論述的主要依據；而建構主義雖然將國家不只視為經濟人，而且還進一步指出將國家視為社會人甚至是文化人；但是，以對人的想像來論述國家，將國家擬人化的論述樣態，其實仍然是一樣的。這似乎顯示，我們在對超乎我們經濟層次，如國家這種對象的研究，就很容易將其擬人化，將其想像還原成像人一般的算計和行動，這樣當然是一種建構；這樣的建構一方面或許也意味著我們研究能力的偏限。

二、對建構主義觀點的省思

整體主義 (holism) 的研究途徑可能是我們對上述研究偏限的另一種方式的對應，溫特 (Alexander Wendt) 的建構主義固然一方面仍然沿著將國家擬人化的方向走，但另一方面則轉而朝整體主義的論述方向尋求化解將國家擬人化所延伸出來的論述偏限。❹不過，溫特的建構主義雖然作了某種程度的整體主義轉折，可是仍然必須依托著將整體主義和把國家擬人化兩者連接起來。

朝整體主義的方向轉折，與主流的國際關係理論最大的不同在於，必須允許總體的在場；而由此所延伸出來的第一個問題是，這個在場的總體與擬人化的作為個體或行動體的國家之間的關係

為何；為了避開所謂先驗論述，建構主義通過上述的「相互構成」將總體與個體連接起來。此外，允許總體的在場的第二個問題是，總體到底為何物。儘管照上述的論述可知，總體是通過「相互構成」這樣的建構過程呈現出來的；這樣呈現出來的「總體」的屬性，一方面當然是具體的，另一方面則是觀念或文化的。這個總體到底要如何被稱呼，能否被稱為社會或叫做社群或共同體 (community)，或叫做建制 (regime) 或機制，則會成為相當棘手的難題；❺而其實，建構主義基本上迴避了這個問題，只是通過所謂的「相互構成」去論證了總體的在場，並且反身過來，通過總體的在場去論證在相互構成的過程中，個體的算計和行動，不全然是赤裸裸的工具理性的展現，而可能是效益和正當性能夠互相涵蓋，並且互相證成的實踐理性的展現。

雖然溫特的建構主義呈現了向整體主義方法論的轉折，可是他並沒有走上全然的整體主義的方向。亦即，他雖然在論述上需要依託總體的在場，可是他並沒有辦法直接全然的確立一種社會本體論，實際作為整體的社會可以直接作為分析的基礎。當然，溫特的社會建構主義似乎很容易讓人認為，它是從社會本體論出發進行論述；或者說，溫特也努力地想將國際關係理論轉向植基於社會本體論上；但是，「社會」不管作為一個範疇也好，或作為一個實體也好，在溫特的論述中，都只具有最低層次的社會意涵，亦即「社會」在溫特的論述中仍然不成其為一般意義的社會。而這也就是說，「社會」在溫特的論述中首先只具有本體論的意涵，它的實質的內涵，是通過以國家的實踐為中介的「總體與個體的

相互構成」來加以填充和展現的。❻

　　主流國際關係理論,通過把國家個體化所形成的國家本體論,基本上是一種實體本體論,因為其在把國家擬人化的同時,也將國家看成是一個具體有形的實體;由此所延伸的論述,很容易變成一種「實體統攝一切」的論述,忽略或抹殺現實世界複雜豐富的變動不居的屬性。溫特的建構主義在某種意義上,當然具有糾正這種實體本體論的化約取向的意涵;因此,溫特雖然向社會本體論傾斜,但是,他並沒有把作為總體的「社會」看成是一種預設的實體,就如前述「社會」是通過以國家的實踐為中介的「總體與個體的相互構成」過程中,不斷湧現和被建構的;而在這個過程中,作為個體的國家也不斷的再建構和構成。我們可以這麼說,作為一種不徹底的社會建構主義;其實,溫特的建構主義到頭來與其繼續宣稱以作為統體的「社會」作為本體,倒不如要宣稱以「總體和個體間的相互構成」作為本體,這種本體是一種動態的本體,而不是實體化的本體,他既跳出把個體或總體實體化的實體本體論的侷限,也跳出不是以某種個體就是以某種總體作為世界本體的二元論循環。

　　而「總體和個體的相互構成」表現為國家的實踐,或者也可以說,國家的實踐促使「總體和個體的相互構成」成為可能;因此,如果我們要代溫特的建構主義回答其所依據的主體到底為何這個問題的話,我們可以說「國家的實踐」是這個世界的本體。

　　當然,這並不是說,走溫特的建構主義的路,會走上完全否定實體和客觀性存在的方向去;實體是社會建構下的產物,但它

同時也成就為一種具有客觀性的實體；亦即，這種實體不是獨立於個體間交互主體性實踐之外的一種被給定的客觀東西；它是在實踐過程中被建構形成的，但同時它反身又具有客觀性，成為個體行動實踐的背景 (context)，它既制約行動者又使行動者能夠展開實踐。

三、對實踐本體論和辯證本體論的思考

此外，主流的國際關係理論所依據的國家本體論，如上述既是一種實體本體論，又是一種唯物的實體本體論。如果我們想要扭轉這種唯物傾向，很可能或很容易走上唯心主義或觀念論式的本體論。國際關係理論中的後現代主義甚至是女性主義論述，基本上就傾向於認為，國際關係是奠定在觀念或甚至是符號之上，這是一種觀念或符號本體論；❼儘管其與主流的國際理論的本體論有唯心和唯物的差別，但兩者同樣都是實體本體論；因為實體可以被視為是物質的，也可以被視為是符號的或觀念的。在它們兩者的區別中，物質和符號和觀念被二元區隔開來。在現實世界中，當然處處存在具體有形的物質實體；但是，這些物質實體的意義和內涵是通過符號或觀念形式來呈現的；這也就是說，在現實世界中，物質實體是可以通過符號或觀念而被建構的；不過，在這樣的建構過程中，符號或觀念當然也需要依托著物質實體；物質實體和符號或觀念之間具有相互構成的關係，它們之間不能相互化約，但卻可以相互制約並相互保證或相互使動。而就算我們認為，可以跳脫對現實實體的依托，通過符號和觀念去建構現

實和開展意義；但是，這些被建構的現實和意義，仍然是作為某種實體而存在。以溫特為代表的建構主義，基本上是企圖在本體論上跨越唯心和唯物這樣的二元對立，讓唯心和唯物的界限模糊，甚至被打破。

不過，溫特的建構主義並沒有更進一步的強調，當本體論層次跨越唯心和唯物的二元對立，就必需如前述，以行動體如國家的實踐作為這個世界的本體。而這也就是說，具有跨越或調和二元對立色彩的建構主義，到頭來必需更進一步轉折到實踐論的方向上來；否則，無法支持後續的論述的開展。而且，當立基於實踐本體論開展論述時，如前述就會強調符號或觀念與物質實體的，以及總體和個體的相互構成，這意味著由實踐本體論 (praxis ontology) 所延伸而來的論述，會呈現現實世界的辯證性；亦即，這樣的論述是非常辯證的；個體具有「屬總體性」，而總體也呈現有「屬個體性」；如果再往下推衍的話，那麼就可以說，個體具有「屬世界性」，而世界也具有「屬個體性」。個體與總體，或個體與世界具有通過實踐所連接成的相互構成的「辯證」關係。 ❽

這種實踐本體論基本上應該跳脫「一個實體（不含是唯心或唯物的）一統天下」的論述格局，這樣的本體不再是凝固的，一元的實體，不是一個能夠不斷跨越自身界限，不斷超越和否定自身的辯證發展過程。總體和個體，實體和符號或觀念，相互既扮演否定的角色也扮演使動的角色，從而帶動現實世界的存在，使這個存在不會實體化或凝固化，處在不斷超越自身的變化發展的固有屬性；而由此延伸下來，我們也可以說，通過否定為中介的

相互構成也是現實世界存在的固有屬性；或許，如果我們還要往下延伸的話，我們更可以說，辯證是實踐同時也是現實世界存在的固有屬性或邏輯；實踐是辯證，現實世界從而也是辯證。

論述至此，我們可能不只要將溫特的建構主義的本體論往實踐本體論推，甚至還可以嘗試將其往辯證本體論 (dialectical ontology) 延伸。這種辯證本體論當然具有破除主流國際關係理論的國家本體論所體現的實踐本體論或甚至是一元的唯物本體論的意義；而在另一方面也具有跳脫後現代主義國際關係理論的唯心或觀念論式的本體論傾向；更重要的是，這種辯證本體論主要在強調，確立本體，不是要我們黏著在一個一元甚至是凝固的實體上，而是要能夠彰顯現實世界存在的變化發展的複雜豐富性。此外，這種辯證本體論可以告訴我們，作為世界本體的不是這個或那個實體,而是一個辯證地以否定為中介而相互構成的變化過程；國家的存在，絕不是擺在那裡的一種被客觀給定的 (given) 的存在，而是表現在為一個變化發展的過程，一個不斷生成流動的過程。總體與個體，實體與觀念或符號，通過國家的實踐兩極相通；國家的存在不侷限於任何一種之中。

而這也就是說，強調世界本體是辯證的能動過程，並不妨礙可以繼續以國家作為世界的基本的分析單位；只不過，我們必須避免把國家實體化凝固化，或是把國家視為一個範疇，一種符號或觀念，必須將國家視為一個如上述所言的生成流動的過程；國家存在於上述所說的辯證發展過程中，它本身既是一個動力場 (field)，也是辯證的；它本身隨時既是實體，但又不是實體；它本

身既是辯證的介面，又是辯證過程制約下的結果。

　　其實，本體論是可以有次第性的；首先，為了因應符合現實的符號和觀念使用需要，我們可以確立諸如國家或社會或個人等作為世界的本體，它提供了我們立基於文字語言符號基礎上的分析的方便性；但是，本體論確立的工作絕不能只停留在這樣的層次或次第上，而必須讓其能夠被統攝在能動的辯證發展過程之下；否則，很容易導致本體論確立之時就是世界被化約或割裂之時的現象。就如前面已經多次以不同形式強調，一個實體化或純粹觀念化的實體，是無法呈現現實世界變動不居的豐富複雜性。

　　以國家作為基本分析單位，在某種意義上，代表著人們將國家視為上述的辯證能動過程的節點、中介或場域；將國家統攝在能動的辯證發展過程之下，我們也就可以再次的說，可以國家的實踐作為世界的本體；世界的能動的辯證發展過程的展現是通過國家的實踐為中介成為可能，而反過來說，國家的實踐又是在辯證的過程中進行的；而如此一來，我們甚至就可以說，以國家的實踐作為世界的本體，就是以能動的辯證過程作為世界的本體。

　　將國家視為辯證能動過程的節點、中介或場域，這是人們理解分析現實世界如何存在的一種努力；而換另一個角度來講，這也是人理解分析現實世界從而也是現實世界的人如何存在的一種努力。國家之所以是辯證，現實世界之所以是辯證，如前述是因為著統一體或個體的相互構成，或者說是因著與這種相互構成相生相關的實踐論而成為可能；不過，在這裡，我們必須進一步說，是現實的人的存在，以及因著這樣存在而來的人的實踐，才促成

了國家是辯證，世界也是辯證。

將國家擬人化，然後再以其為節點和中介，去觀照掌握分析現實世界，甚至通過如此過程反身來觀照掌握理解人自身；而這本身就是人和國家以及世界的一種相互構成，同時也是人的一種實踐。亦即，確立本體論就是人的實踐的基礎，或是說這就是人的實踐。而本體論的確立，如果如上述要跨越實踐論的侷限，或唯心論的二元飄盪，就不只要讓本體論統攝在能動的辯證發展過程之下，還要進一步使其統攝在人的實踐之下。而實踐本身就是人的生命存在的展現，人的生命存在是通過不斷跨越總體或個體物質或觀念，或所謂心與物的二元對立，並使它們能夠相互構成這樣的實踐而成為可能的；讓本體論統攝在人的實踐之下，其實就是統攝在人的存在之下。

亦即，溫特建構主義的本體論，不可能只停留在國家的實踐這樣的水平上，還必需往下延伸往「人的存在」方向發展，把「人的存在」作為世界的本體。國家作為個體，或作為行動體，與作為總體或社會的世界，之所以能夠相互構成，與其說是因著國家的實踐而成為前提，倒不如說是因著人的存在或實踐的動力場或場域：人的存在或實踐是國家作為個體與作為總體或社會的世界能夠被接受或相互構成的節點或介面。其實，本體論的確立是非常現實的，它是立基於現實，服從於現實，然後從而能夠導引到對現實的掌握分析和理想。此外，本體論的確立更是一種世界觀形成的基礎，它可以導引我們如何去看待世界，從而也導引人們如何在這個世界中自處，甚至就如前述，如何反觀自身，所以本

體論其實也是一種存在論，它是有關人如何在這個世界存在的一種人論。活生生的人的存在，才是總體與個體，個體與個體，心與物，宏觀與微觀之間互為鑲嵌，從而也相互構成的節點、中介或動力場；活生生的人的存在，成就了上述這樣互為鑲嵌、相互構成的辯證能動過程，同時也通過這樣的辯證能動過程不斷獲得展現。

此外，本體論之所以是非常現實，除了它是立基於現實之外，還因為它可以建構現實，並且經常可以以無意識的方式成為人們進行理性選擇和行動的基礎，這時本體論其實就已經轉變成為某種自覺或不自覺的信念或意識形態。而這也是說，本體論的確立代表人們把現實世界以及人自身置於自己的實踐的建構之下，從而去接合人和現實世界之間的關係。

其實，任何領域的各種形式的論述，都自覺或不自覺的需要以某種本體論為基礎；而本體論在任何領域的演進，也都循著類似國際關係論述中的軌跡在發展：一、從唯物的本體論激盪出唯心的本體論；二、從實體本體論激盪出反實體或超實體的本體論；三、從上述二元對立的情境中又激盪出企圖跨越這種二元對立，從而強調本體既非唯物也非唯心，而是心物相互構成；四、從一元和實體化的本體論激盪出強調以能動的辯證過程作為本體；五、進一步將能動的辯證過程統攝在人的現實存在之下，從而以人的現實存在或實踐作為本體。

或許有人會認為，鋪陳強調上述這樣的本體論發展軌跡，似乎是以人本主義為基礎，從而也是非常老掉牙的人本主義的幽魂

的復辟；不過，在此要強調的是，世界為何物，人如何開展生命
和生活本來就是一體的兩面；套句上面已經常用的話，就是人和
世界是相互構成的，而這個相互構成的基礎是人的實踐；如果順
著這個邏輯延伸，我們可以說，因著人的實踐建構了世界，從而
人也建構了自己。人的存在，人的實踐，從而也是人的以實踐為
基礎的建構是這個世界的本體。

四、對羅森諾看法的省思

羅森諾 (James Rosenau) 鑑於許多非政府組織、跨國公司、全
球性的社會運動力量，全球性的市場力量的湧現；❾認為世界已
呈現多元中心的網絡樣態，因此對於這個世界的分析必須打破方
法論的領土主義 (methodological territorialism)；跨越國內外界限
並且以「權威空間」(spheres of authority) 作為世界的本體。❿
Rosenau 這樣的本體論論述當然帶有對主流國際關係理論本體論
的反思意含，雖然並不是對國家中心主義本體論的全然捨棄，但
必定會導致國家中心主義或本體論的激烈的鬆動。

主流的國際關係理論，在確立國家為本體的同時，從而也視
國家為最重要或甚至是唯一真正能行使權威導致服從的場域；這
是將國家視為擁有主權的主體或個體的邏輯延伸的認定；權威的
行使是展現國家作為擁有主權的主體性，基本上是以這個世界的
權威日益分解，出現越來越多的權威中心這樣的被他們所認定的
現實為基礎。這樣的世界在他看來是主權和邊界日益具有可滲透
性，而且普遍化、集權化和地方化、分權化和分裂化，而這種力

量之間正在不斷的拉扯和衝突，Rosenau 把它稱為分合並存 (fragmegration) 現象，而這個現象還支配世界的運轉。❶Rosenau 所揭櫫的權威空間，當然仍然沒有擺脫實體本體論的色彩，因為其只不過將以國家為中心的具體的權威空間，轉成以跨越國家領土界限的權威行使空間；不過，承認權威的日益分離，或多權威中心的存在，基本上已帶有後現代主義的意涵；而且，其所強調的權威空間，由於不再因著在以國家為取向或中心的領土範圍內，而是可以通過國家或非國家實體，或非國家實體彼此之間的網絡式的接觸或互動，而呈現流動性和變動性，如果從這樣的角度觀之，Rosenau 的本體論已經具有想要跨越傳統上的那種凝固的、固定的實體主義式的本體論的可能性；而且，由於權威空間具有流動性和變動性，我們甚至可以說這種空間其實是一種能動的過程，而如果我們再從這角度觀之，Rosenau 的本體論重建已經為主流的國際關係理論開出朝一種動態式的本體論方向轉折的可能性。這也就是說，我們就算不刻意強調整個國際關係理論上述的演化軌跡，我們也可以注意到主流的國際關係理論內部也正在循著立基於現實的方向，以不立即翻轉他們既有的本體論基礎的方式，正在進行朝上述所提的本體論演化軌跡在演變；這種演變到底是代表國際關係理論流派間的更進一步的相互調和或妥協，還是會嶄新的形式去呈現上述本體論的演化軌跡，這是值得我們重視的課題。

　　當然，本體論的重建，不會是調和的或根本的翻轉，卻會帶動或導致既有論述語境的改變，而這種改變，更會牽動話語權力

的重新組合；而且，就如前述，本體論的確立與重建，可能觸及信念或意識形態的轉變，因此，Rosenau 跨出的這一步，到底能夠進一步展現什麼樣的效應，就成為我們觀察主流國際關係理論內部化與權力和語境微妙變化的某種介面。

註 釋

❶ 請參閱 Kenneth Waltz, *Theory of International Politics*, Mass.: Addison-Wesley Pub. Co., 1979. Robert Keohane, *After Hegemony: Cooperation and Discord in the World Political Economy*, N. J.: Princeton University Press, 1984. Robert Gilpin, *War and Change in World Politics*, New York: Cambridge University Press, 1981.

❷ 請參閱 Stephen D. Krasner, *Sovereignty: Organized Hypocrisy*, N. J.: Princeton University Press, 1999. Samuel M. Makinda, "Sovereignty and International Security: Challenges for the United Nations," *Global Governance* 2 (1996). 李英明，《國際關係理論的啟蒙與反思》，臺北：揚智出版社，2004，頁 146–149。

❸ 有關結構化和相互建構的討論，請參閱郭樹勇，《建構主義與國際政治》，北京：長征出版社，2001，頁 56–59。Nicholas G. Onuf, *World of Our Making: Rules and Rule in Social Theory and International Relations*, S. C.: University of South Carolina Press, 1989. A. Giddens, *The Constitution of Society: Outline of the Theory of Structuration*, England: Polity Press, 1986.

❹ 請參閱 Alexander Wendt, *Social Theory of International Politics*, New York: Cambridge University Press, 1999.

❺ 有關共同體或社群的討論，請參閱郭樹勇，前揭書，頁 204–211。
Emanuel Adler, "Europe's New Security Order: A Pluralistic Security Community," Beverly Crawford ed., *The Future of European Security*, Berkeley: International and Area Studies, Center for German and European Studies, University of California at Berkeley, 1992. 卡爾多伊奇 (Karl Deutsch) 曾提出「多元安全共同體」(pluralistic security community)，請參閱 Karl W. Deutsch, *Political Community and the North Atlantic Area: International Organization in the Light of Historical Experience*, New York: Greenwood Press, 1957. 另有關國際建制的討論，請參閱 Stephen D. Krasner ed., *International Regimes*, Ithaca: Cornell University Press, 1983.

❻ 溫特在其 *Social Theory of International Politics* 一書中，在一定程度上，表現出和新現實主義和新自由主義調和或妥協的意涵，這充分表現在他的本體論的論述上。關於溫特和新現實主義和自由主義的關係，並請參閱郭樹勇，前揭書，頁 76–77。

❼ Terry Terriff, *Security Studies Today*, UK: Polity Press,1999, pp. 111–112.

❽ 賀來，《辯證法的生存論基礎──馬克思辯證法的當代闡釋》，北京：中國人民大學出版社，2004，頁 139。

❾ David Held & Anthony McGrew 編，曹榮湘、龍虎譯，《治理全球化──權力、權威與全球治理》(*Governing Globalization: Power, Authority and Global Governance*)，北京：社會科學文獻出版社，2004，頁 87。

❿ 同上註，頁 74–77。

⓫ 同上註，頁 72–73。

133

參考文獻

一、中文書目

王水雄，《結構博弈：互聯網導致社會扁平化的剖析》，北京：華夏出版社，2003 年。

王銘銘，《人類學是什麼?》，北京：北京大學出版社，2002 年。

王書明、萬丹，《從科學哲學走向文化哲學：庫恩與費耶阿本德思想的後現代轉型》，北京：社會科學文獻出版社，2006 年。

成伯清，《走出現代性：當代西方社會學理論的重新定向》，北京：社會科學文獻出版社，2006 年。

何非武，《歷史理性的重建》，北京：北京大學出版社，2005 年。

吳猛、和新風，《文化權力的終結：與福柯對話》，成都：四川人民出版社，2003 年。

李英明，《全球化與後殖民省思》，臺北：五南，2003 年。

李英明，《閱讀中國：政策、權力與意識型態辯證》，臺北：五南，2003 年。

李英明，《國際關係理論的啟蒙與反思》，臺北：揚智出版社，2004 年。

季廣茂，《意識型態》，廣西：廣西師範大學出版社，2005 年。

周建漳，《歷史及其理解和解釋》，北京：社會科學文獻出版社，

2005 年。

周雪光，《組織社會學十講》，北京：社會科學文獻出版社，2003 年。

胡榮，《理性選擇與制度實施：中國農村村民委員會選舉的個案研究》，上海：上海遠東出版社，2001 年。

高承恕，《理性化與資本主義——韋伯與韋伯之外》，臺北：聯經出版社，1986 年。

孫寬平主編，《轉軌、規制與制度選擇》，北京：社會科學文獻出版社，2004 年。

馬海良，《文化政治美學——伊格爾頓批評理論研究》，北京：中國社會科學出版社，2004 年。

陳向明、朱曉陽、趙旭東主編，《社會科學研究：方法評論》，四川：重慶大學出版社，2006 年。

陳新，《西方歷史敘述學》，北京：社會科學文獻出版社，2005 年。

張一兵，《問題式、症候閱讀與意識型態——關於阿爾都塞的一種文本解讀》，北京：中央編譯出版社，2003 年。

章啟群，《意義的本體論——哲學詮釋學》，上海：上海譯文出版社，2002 年。

曹榮湘選編，《走出囚徒困境——社會資本與制度分析》，上海：上海三聯書店，2003 年。

賀來，《辯證法的生存論基礎——馬克思辯證法的當代闡釋》，北京：中國人民大學出版社，2004 年。

薛曉源、陳家剛主編，《全球化與新制度主義》，北京：社會科學文獻出版社，2004 年。

劉旭，《底層敘述：現代性話語的裂隙》，上海：上海世紀出版股份有限公司、上海古籍出版社，2006 年。

韓震、孟鳴歧，《歷史哲學：關於歷史性概念的哲學闡釋》，昆明：雲南人民出版社，2002 年。

二、中文譯著

克利福德‧吉爾茲 (Clifford Geertz) 著，王海靜、張家瑄譯，《地方性知識：闡釋人類學論文集》，北京：中央編譯出版社，2000 年。

David Held, Anthony McGrew 編，曹榮湘、龍虎譯，《治理全球化——權力、權威與全球治理》，北京：社會科學文獻出版社，2004 年。

唐‧庫比特 (Don Cupitt) 著，王志成、朱彩虹譯，《生活——一種正在來臨的生活宗教》，北京：宗教文化出版社，2004 年。

道格拉斯‧諾斯 (Douglass C. North) 著，陳郁、羅華平譯，《經濟史上的結構與變遷》，上海：上海三聯書店，1994 年。

杰拉爾德‧納德勒 (Gerald Nadler)、威廉‧錢登 (William J. Chamdon) 著，魏青江譯，《提問的藝術：正確解決問題，從提問開始!》，北京：高等教育出版社，2005 年。

海登‧懷特 (Hayden White) 著，黃立河譯，《形式的內容：敘事話語與歷史再現》，北京：北京出版社集團、文津出版社，2005 年。

阿爾都塞 (Louis Althusser) 著，杜章智譯，《列寧與哲學》，臺北：遠流，1990 年。

Merold Westphal 著，郝長墀選編，《解釋學、現象學與宗教哲學
——世紀哲學與宗教信仰的對話》，北京：中國社會科學出版社，
2005 年。

保羅・尼特 (Paul F. Knitter) 著，王志成、思竹、王紅梅譯，《一個
地球，多種宗教：多信仰對話與全球責任》，北京：宗教文化出
版社，2003 年。

皮埃爾・布迪厄 (P. Bourdieu) 著，邢克超譯，《再生產：一種教育
系統理論的要點》，北京：商務印書館，2002 年。

皮埃爾・布迪厄 (P. Bourdieu) 著，蕭康德、李猛、李康譯，鄧正
來校，《實踐與反思：反思社會學導引》，北京：中央編譯出版
社，2004 年。

烏斯卡里・邁凱 (Uskali Maki) 編，李井奎、毛捷、王長剛、黃華
僑譯，《經濟學中的事實與虛構：模型、實在與社會建構》，北
京：世紀文景文化傳播有限公司，2006 年。

三、英文書目

Alexander, Wendt, *Social Theory of International Politics*, Cambridge University Press, 1999.

Barker, Chris, *Culture Studies: Theory and Practice*, London: Sage Publication, 2000.

Bourdieu, P., trans. by Richard Nice, *Sociology in Question*, London: Sage, 1993.

Bourdieu, P., *A Critical Reader*, Oxford [England]; Malden, Mass.:

Blackwell Publishers, 1999.

Chopp, Rebecca, *The Praxis of Suffering: An Interpretation of Liberation & Political Theologies*, MaryKnoll, New York: Orbis Books, 1986.

Deutsch, Karl W., *Political Community and the North Atlantic Area: International Organization in the Light of Historical Experience*, New York: Greenwood Press, 1957.

Eagleton, Terry, *Criticism and Ideology: A Study in Marxist Literary Theory*, London: Erso, 1978.

Geertz, Clifford, *Local Knowledge: Further Essays in Interpretive Anthropology*, New York: Basic Books, Inc., Publishers, 1983.

Geuss, Raymond, *The Idea of a Critical Theory, Habermas and the Frankfurt School*, Cambridge University Press, 1981.

Giddens, Anthony, *The Constitution of Society: Outline of the Theory of Structuration*, England: Polity Press, 1986.

Gilpin, Robert, *War and Change in World Politics*, New York: Cambridge University Press, 1981.

Keohane, Robert, *After Hegemony: Cooperation and Discord in the World Political Economy*, N. J.: Princeton University Press, 1984.

Krasner, Stephen D., *Sovereignty: Organized Hypocrisy*, N. J.: Princeton University Press, 1999.

Krasner, Stephen D. ed., *International Regimes*, Ithaca: Cornell University Press, 1983.

Martin, Lisa L. & Beth A. Simmons eds., *International Institutions: An International Organization Reader*, The MIT Press, 2001.

Onuf, Nicholas G., *World of Our Making: Rules and Rule in Social Theory and International Relations*, S. C.: University of South Carolina Press, 1989.

Rosenau, James N. & Ernst-Otto Czempiel eds., *Governance Without Government: Order & Change in World Politics*, Cambridge: Cambridge University Press, 1992.

Shurmann, Franz, *Ideology and Organization Communist China*, Berkeley, Calif.: University of California Press, 1968.

Terriff, Terry, *Security Studies Today*, UK: Polity Press, 1999.

Terriff, Terry, Stuart Croft, Lucy James, and Patrick M. Morgan, *Security Studies Today*, Polity Press, 1999.

Waltz, Kenneth, *Theory of International Politics*, Boston: Addison-Wesley, 1979.

Williamson, Oliver E., *Markets and Hierarchies: Analysis and Antitrust Implications*, New York: Free Press, 1975.

四、英文期刊

Makinda, Samuel M., "Sovereignty and International Security: Challenges for the United Nations," *Global Governance* 2, 1996.

Mathews, Jessica T., "Power Shift," *Foreign Affair*, January/February 1997.

Mathews, Jessica T., "Rethinking the 'New Regionalism' in the Context of Globalization," *Global Governance* 2, 1996.

Rhodes, R. A. W., "The New Governance: Governing without Government," *Political Studies* XLIV, 1996.

Rosenau, James N., "Governance in the Twenty-first Century," *Global Governance* 1, 1995.

Warkentin, Craig and Karen Mingst, "International Institutions, the State, and Global Civil Society in the Age of the World Wide Web," *Global Governance* 6, 2000.

Wendt, Alexander, "Constructing International Politics," in Michael E. Brown, Owen R. Cote, Jr., Sean M. Lynn-Jones & Steven E. Miller eds., *Theories of War & Peace*, The MIT Press, 2000.

◎ 政治學概論　劉書彬／著

　　本書為作者歷年講授政治學導論的一個階段性成果，試圖將政治學的立論基礎與概念，以深入淺出的方法講解，並使讀者可以落實到日常生活的範圍中，例如卡奴風暴、ETC、政黨對兩岸問題的歧見等，期盼藉由本書的出版，使讀者對政治學有耳目一新的看法。

◎ 西洋古代政治思想家——蘇格拉底、柏拉圖、
亞里斯多德　謝延庚／著

　　本書以蘇格拉底、柏拉圖、亞里斯多德為主題，剖析其學術旨趣與彼此間的思想傳承。其間不乏引人入勝的關鍵論點，諸如知識與道德的關係、如何在亂世中自求多福。作者默察繽紛與寥落，頗能執簡馭繁，以敏銳的筆觸提出精闢的論述和詮釋，絕對值得您一讀。

◎ 比較政府與政治　李國雄／著

　　全書採用共同的分析架構，探索英、法、德、美、日、俄、中等各國的歷史背景、地理因素、社會結構、文化因素，以及政經關係等客觀環境，藉以說明各國正式及非正式政治制度成形的背景，及實際運作的真相，以作為各國相互比較的基礎。

◎ 批判社會學　黃瑞祺／著

　　本書旨在社會學的脈絡裡，探討批判理論的精義及其來龍去脈，同時關注批判理論對於傳統社會學的啟示及衝擊。本書的旅程從定位批判社會學，釐清其地位和意義開始。繼則試圖站在批判理論的立場上來評述主流社會學。再則探究批判理論的興起、意蘊以及進展。最後則是從批判社會學的立場來拓展知識社會學的關注和架構。